AF262394

ENCYCLOPÉDIE
DES DAMES,

CONTENANT

LA DESCRIPTION EXACTE ET DÉTAILLÉE DE TOUS LES TRAVAUX D'AIGUILLE :
LA LINGERIE, LA BRODERIE, LA TAPISSERIE, ETC.,

ET DONNANT LES RECETTES DE TOUTES LES CHOSES QU'ON PEUT EXÉCUTER CHEZ SOI ET A PEU DE FRAIS;

PAR

Mme ROUGET DE LISLE.

L'ENCYCLOPÉDIE DES DAMES

FORME LA PRIME ACCORDÉE PAR LES MODES PARISIENNES

A TOUTES LES DAMES QUI SOUSCRIVENT POUR UN AN A CE JOURNAL.

PARIS. CHEZ AUBERT ET Cie, ÉDITEURS, PLACE DE LA BOURSE, 29

(IMPRIMERIE LANGE LÉVY ET COMP., 16, RUE DU CROISSANT.)

ENCYCLOPÉDIE DES DAMES,

RENFERMANT

LES ARTS ET MÉTIERS D'UTILITÉ ET D'AGRÉMENT.

TELS QUE

1° L'ART DE LA LINGÈRE; — 2° L'ART DE LA COUTURIÈRE,
3° L'ART DE BLANCHIR, REPASSER ET CALENDRER
LE LINGE, LES INDIENNES, ETC.;
4° L'ART DE DÉGRAISSER LES ÉTOFFES ET HABILLEMENS
(DENTELLES, PLUMES, RUBANS, GANTS, CHAPEAUX DE PAILLE, ETC.);
5° L'ART DE NETTOYER ET METTRE À NEUF L'ARGENTERIE,
LES BIJOUX, LES BRODERIES EN OR ET EN ARGENT, LES CRISTAUX,
LES PORCELAINES, LES GRAVURES,
LES LIVRES, LES MEUBLES ET USTENSILES DE MÉNAGE;
6° L'ART DE FAIRE LES ENCRES POUR MARQUER LE LINGE, POUR ÉCRIRE
SUR LE PAPIER, LE ZINC ET LE FER-BLANC;

7° LES RECETTES POUR CONSERVER LES FOURRURES, LES ÉTOFFES
DE LAINE, DE SOIE ET AUTRES;
8° LA MANIÈRE DE FAIRE À BON MARCHÉ L'EAU DE SELTZ,
LA GLACE ARTIFICIELLE
ET LES BOISSONS RAFRAÎCHISSANTES;
9° DES RECETTES FACILES POUR FAIRE LES EAUX DE COLOGNE
ET DE SENTEUR, LES SAVONS DE TOILETTE,
LES POUDRES DENTIFRICES ET AUTRES ARTICLES DE PARFUMERIE;
10° UN GRAND NOMBRE DE RECETTES
DE MÉNAGE, POUR FAIRE LE THÉ, LE MEILLEUR CAFÉ ET LE PUNCH;
11° L'ART DE DESSINATEUR EN BRODERIE ET EN TAPISSERIE;

12° L'ART DE COMPOSER, DE DÉCALQUER ET DE COLORIER LES DESSINS
POUR LA BRODERIE ET LA TAPISSERIE;
13° L'ART DE PEINDRE ET D'IMPRIMER SUR LE BOIS, LE VERRE
ET LES ÉTOFFES;
14° L'ART DE PEINDRE LES TABLEAUX POUR DIORAMAS,
LANTERNES MAGIQUES, STORES ET ÉCRANS TRANSPARENS, ETC.;
15° L'ART DE FAIRE LE TRICOT, LES FRANGES
POUR SCHALLS, LE FILET, LA TAPISSERIE À L'INSTAR DE CELLE DES GOBELINS;
LES OUVRAGES EN CHEVEUX, EN PERLES, EN JAIS, ETC.;
16° L'ART DE FAIRE LES FLEURS ARTIFICIELLES EN PAPIER,
EN PERLES, EN CHEVEUX, ETC.

PAR Mme ROUGET DE LISLE.

ACCOMPAGNÉE DE PLUS DE 100 DESSINS, PATRONS ET MODÈLES POUR LE TRICOT, LES OUVRAGES EN FILET ET EN PERLES, LA BRODERIE SUR BLANC,
LA TAPISSERIE DE POINT, LES FLEURS ARTIFICIELLES, LES OUVRAGES DE LINGERIE, ETC., ETC., ETC.

PARIS. — CHEZ AUBERT ET Cie, ÉDITEURS, PLACE DE LA BOURSE, 29.

[illegible]

1847

A NOS LECTRICES.

Le Livre-Album que nous publions, dont le titre seul annonce l'utilité générale, renferme les arts et métiers que toutes les femmes peuvent exercer avec facilité et agrément, quelles que soient leur instruction et leur position dans le monde.

Notre but est d'y enseigner, par un texte clair bien explicatif et appuyé de dessins, tous les genres d'ouvrages qui conviennent aux jeunes demoiselles et qui sont en harmonie avec leurs aptitudes, de leur exposer les méthodes simples, faciles, et par conséquent les meilleures, pour exécuter les ouvrages d'aiguille, le dessin, la peinture, afin de leur offrir les moyens d'occuper leur temps, d'économiser leur argent, et de trouver ainsi, dans certains travaux que la mécanique n'a point encore envahis, un sujet d'utilité et d'agrément.

Pour atteindre ce triple but, nous avons réuni et classé dans un ordre méthodique et en quelque sorte naturel tous les genres de travaux de femmes que nous avons exécutés ou fait exécuter sous nos yeux.

Ainsi, nous commençons par l'art utile de la lingerie, et nous terminons par les arts de pur agrément, tels que ceux du dessin, de la peinture, du tricot, de la broderie, de la tapisserie, etc. En effet, il est plus naturel et plus utile de se vêtir, de connaître la manière de tailler et de confectionner une chemise, une robe, un bonnet, que de savoir dessiner, peindre, broder et faire la tapisserie des Gobelins.

Mais, pour ne rien omettre de ce qui peut être utile à une maîtresse de maison, chargée des soins du ménage et de pourvoir aux besoins, à la propreté et à l'économie du foyer domestique, nous publions l'art de blanchir le linge et celui de dégraisser les étoffes ; nous donnons des recettes exactes et faciles pour nettoyer l'argenterie, les bijoux, les broderies, les ustensiles de ménage, etc. ; des recettes pour faire les encres à marquer le linge, à écrire sur les métaux, le bois, etc. ; des recettes pour conserver les fourrures et les étoffes ; des recettes pour faire à bon marché l'eau de Seltz, la glace artificielle, les boissons rafraîchissantes, le café, le thé, le punch, etc. ; des recettes pour faire l'eau de Cologne, les eaux de senteur, les savons de toilette, les poudres dentifrices, etc.

Aussi nous pouvons dire, sans crainte comme sans hésitation, que l'*Encyclopédie des Dames* renferme les connaissances indispensables tout à la fois à une femme destinée à briller dans le monde et à celle destinée à vivre du produit de son travail.

Quelques personnes, accoutumées à la lecture des œuvres du genre, blâmeront, sans doute, la rudesse et la froideur de notre style ; mais le sujet de notre livre nous commandait impérieusement de sacrifier à la clarté des descriptions toute espèce d'élégance dans les expressions.

En un mot, nous avons décrit les procédés tels que nous les connaissons et tels que nous les avons recueillis auprès des personnes spéciales que nous avons consultées, sans rien ajouter de notre propre fonds.

Les dessins qui accompagnent nos explications serviront à les faire bien comprendre.

Si vous pensez, Mesdames, que nous avons fait un ouvrage utile, nous nous trouverons suffisamment récompensée de toutes les peines qu'il nous a occasionnées et pour l'écrire et pour nous faire comprendre.

Clémence ROUGET DE LISLE.

ENCYCLOPÉDIE DES DAMES.

ART DE LA LINGÈRE.

C'est la lingère qui est chargée du soin de couvrir l'enfant dès l'instant de sa naissance; c'est elle qui taille, coud et confectionne tous les vêtemens qui le vêtissent, tels que la chemise, la camisole, le bonnet, la bavette, etc. C'est elle qui taille et achève le linge qui couvre les tables sur lesquelles nous mangeons, les draps de lit dans lesquels nous couchons, le linge qui garnit les autels et les vêtemens sacerdotaux, etc. Enfin, nous pouvons dire que la lingère confectionne beaucoup d'objets utiles que peu de gloire environne; en un mot, elle exécute tout le linge qui nous est indispensable autant pour nous vêtir que pour nous assurer la propreté et la santé du corps.

OUTILS ET USTENSILES DE LINGÈRE. — Les seuls instrumens et ustensiles de la lingère sont : le mètre, divisé en cent centimètres, une paire de ciseaux, des aiguilles de diverses grosseurs, un dé et, au besoin, un crayon de mine de plomb pour tracer les patrons, du fil plat et retors, du papier et du carton mince pour tracer et tailler les patrons.

Le mètre sert uniquement pour mesurer la quantité de toile qu'elle doit employer ou qu'elle juge nécessaire pour confectionner le vêtement qu'on lui demande.

Les ciseaux servent à tailler et couper la toile, en suivant les mesures et les contours déterminés à l'aide du mètre et du crayon.

L'aiguille est employée pour faire les coutures, et le dé, placé sur le doigt du milieu de la main droite, est destiné tout à la fois à pousser l'aiguille au travers du tissu et à rabattre ou aplatir les coutures faites.

TOILES. — Les toiles de lin, de chanvre, de coton, telles que la batiste, le jaconas, le madapolam, la percale, la mousseline, la tarlatane ou tarnatane, etc., sont employées le plus généralement à la confection des corps des vêtemens. Les tulles, les dentelles et les rubans servent à faire les garnitures et autres ornemens accessoires.

Comme les toiles varient beaucoup dans leur largeur et par la qualité ou la force des fils, il faut les étudier et bien les connaître, afin de n'être pas trompé en les achetant. Ces toiles prennent des dénominations différentes suivant la manière dont elles sont fabriquées, le pays d'où elles viennent, et même où elles ont été blanchies et apprêtées.

DES POINTS DE COUTURE EN USAGE DANS LA LINGERIE; — DE LA COUTURE DES DENTELLES; — DE LA MARQUE DU LINGE.

Les différens points sont :

Fig. 6. — *Le point noué ou de boutonnière*, qui empêche les bords d'une étoffe de s'effiler;

Fig. 7. — *Le point de côté*, qui fixe les remplis des deux bords d'étoffe;

Fig. 8, 8 A et 8 B. — *Le point-devant*, qui assemble à une petite distance des bords deux toiles posées à plat;

Le surjet (fig. 5, 5 A, 5 B), qui assemble deux toiles par les bords ou *lisières*;

La couture rabattue (fig. 9, 9 A, 9 B), qui assemble et fixe deux bords d'étoffe, principalement lorsqu'ils sont coupés;

Le point de chainette, qui est un point de broderie; il a été décrit et dessiné dans notre album de l'année 1845, page 3; ce qui nous dispense d'en parler ici.

Voici la manière de faire les autres points :

Le point de surjet (fig. 5, 5 A, 5 B). — Après avoir fait un nœud au bout de l'aiguillée de fil, pour l'arrêter sur la toile, on commence par plier les bords des deux toiles qu'on veut joindre ensemble; *ces plis ou remplis* sont utiles pour empêcher les toiles de s'effiler. Toutefois, il n'est pas nécessaire de faire des remplis, lorsque l'on coud à point de surjet deux lisières ensemble.

Les remplis faits (toujours en dedans), quand cela est nécessaire, on passe l'aiguille au travers des deux toiles jusqu'au nœud qui l'arrête en *a*, fig. 5; le fil étant entièrement sorti, on le passe par-dessus lesdits plis; on le fait rentrer à côté du nœud et ressortir du côté opposé en *b*, et ainsi de suite jusqu'à l'entier achèvement de la couture. On fait ainsi tous les autres points en piquant l'aiguille toujours sur la même ligne, sur le même envers d'étoffe, en approchant du haut des bords le plus près que l'on peut. Comme les bouts des remplis pourraient s'effiler, on les rabat assez ordinairement et on les coud (voy. ci-dessous *couture rabattue*).

Point noué ou de boutonnière (fig. 6). — Il se fait autour de toute boutonnière, afin que la toile ne s'effile pas. On s'en sert encore pour empêcher que les bords d'une toile coupée ne s'effilent. Ce n'est pour ainsi dire qu'un point de surjet, à l'exception qu'avant de serrer chaque point, on passe le fil *b* au travers de l'anneau *a* qu'il forme naturellement en *piquant* l'aiguille pour terminer les points.

La boutonnière étant entourée de cette espèce de points, on ajoute à un ou à ses deux bouts une bride destinée à l'empêcher de s'agrandir; cette bride se commence par trois ou quatre points longs, qu'on nomme *points coulés*, au bout de la boutonnière en travers et très rapprochés les uns des autres. On les fortifie en les prenant ensemble avec le même point noué ci-dessus, près à près, sans percer l'aiguille dans la toile.

Point de côté (fig. 7 et 24). — Ce point sert à coudre les ourlets qui se font au bord des pièces; pour former un ourlet *a* on plie le bord de la toile deux fois sur elle-même; et, afin que ce double pli ne se rouvre pas, on le fronce ou plutôt on le rompt sur sa largeur en plis volans ou *zigzags* (fig. 24), qui l'aplatissent et donnent plus de facilité pour le coudre.

Pour coudre l'ourlet, on se sert du point de côté, fig. 7 et 24; après avoir arrêté le fil avec un nœud en dedans du double pli de l'ourlet, on pique l'aiguille immédiatement au-dessous de *l'ourlet* en *a*; on la fait rentrer en dessous en traversant les trois toiles, et on la fait ressortir en *b*, un peu au-dessus du bord inférieur dudit ourlet, d'où on repique l'aiguille pour recommencer un autre point, et ainsi de suite.

Point-devant (fig. 8, 8 A, 8 B). — On le fait en piquant d'abord l'aiguille de dessus en dessous, fig. 22, et ensuite de dessous en dessus. On répète le point en avant sur la même ligne, à égale distance l'un de l'autre. Ce point sert spécialement à froncer et à bâtir les pièces de lingerie : c'est ce qu'on appelle faire une *couture légère*.

La fig. 8 A représente les points-devant paraissant en dehors.

La fig. 8 B représente les sinuosités que fait le fil.

Arrière-point ou point-arrière (fig. 9, 9 A, 9 B). — Il se fait ainsi : après avoir arrêté le nœud entre les *deux toiles* et piqué l'aiguille en arrière au-delà du nœud, on la fait rentrer en avant à pareille distance dudit nœud; de là on la repique en arrière au milieu du point que l'on vient de faire, et on la ressort, toujours en avant, à égale distance du point précédent.

La fig. 9 représente les points qui paraissent à l'endroit de la couture.

La fig. 9 A représente les mêmes points vus à l'envers de la couture; et la fig. 9 B indique les contours des fils *b*.

Pour que cette couture soit bien faite, il faut suivre le même fil de la toile et compter même un nombre égal de fils pour chaque point.

La couture rabattue se fait de plusieurs manières : elle se fait à surjet ou *à points-devant* mêlés *d'arrière-points*; ces deux manières sont employées pour joindre deux pièces dont l'une et l'autre sont sans lisières, ou bien quand il n'y a qu'une lisière à l'une des deux pièces.

Les deux lisières se joignent l'une avec l'autre sans avoir besoin de couture rabattue, qui, comme nous l'avons dit ci-dessus, ne sert qu'à empêcher les toiles de s'effiler.

Voici la manière de faire la *couture rabattue à points de surjet*. Vous remployez le bord de chaque toile à l'envers, c'est-à-dire vous rempliez l'une plus que l'autre de quelques millimètres, vous approchez les deux remplis, vous les surjettez à l'envers en piquant l'aiguille près du haut de chaque pli; puis vous déployez les deux toiles, vous retournez les extrémités de chaque rempli, de manière que le plus grand couvre le plus petit; vous les aplatissez, et les arrêtez à point de côté.

Autre couture rabattue (fig. 23). — Vous réunissez les bords des deux toiles de manière que le bord de l'une *a* dépasse le bord de l'autre *b* de quelques millimètres; puis vous les cousez un peu au-dessous du bord le plus petit à points-devant et arrière-points, successivement deux points-devant et deux arrière-points. Vous rabattez le bord le plus grand sur le bord le plus petit, et vous les arrêtez à points de côté.

Couture des dentelles. — Les dentelles se cousent, soit ensemble, soit avec les toiles, presque toujours à point de surjet; mais il faut savoir où l'on doit piquer l'aiguille dans la dentelle.

Toutes les dentelles sont terminées dans le sens de leur longueur par deux espèces de petites lisières; l'une, qui est celle qu'on coud, se nomme *pied de la dentelle*; l'autre s'appelle la *tête*; et celle-ci est bordée par un rang de petits ronds qui se nomme le *picot*. Le pied de la dentelle, qui est à l'opposite de la tête, est terminé par une petite lisière simple, sous laquelle sont rangés de petits picots ou ronds; sous ces ronds, du côté du corps de la dentelle, est une autre lisière, plus épaisse que la première : ces trois parties composent ce qu'on nomme le *pied*. Quand on veut coudre deux dentelles ensemble, on rapproche les deux pieds de ces dentelles l'un contre l'autre. On passe l'aiguille d'un [illegible] d'un pied à l'autre, en ayant soin, dans ce cas, lorsqu'il s'agira de coudre une dentelle sur une toile, de faire entrer l'aiguille [illegible] des petits [illegible] qui sont entre les deux lisières.

On [illegible] de marquer le linge avec le point qui est [illegible] la tapisserie, mais [illegible] [illegible] premier album [illegible], et [illegible] [illegible]. On le marque aussi avec de l'encre (voyez *Encre*).

[illegible]

Les articles de lingerie sont très nombreux, et par conséquent les mesures et les coupes sont très [illegible]. Toutefois, la manière d'opérer est facile. [illegible] suffit de l'indiquer ici pour que chacun puisse l'exécuter [illegible].

Nous en parlerons, cependant, [illegible] qui sont le plus en usage, qui se mesurent et se coupent invariablement de même, quels que soient les [illegible]. Nous donnerons, d'abord, la mesure exacte et invariable du linge de toilette, de table, de cuisine et du linge de [illegible].

Serviettes de toilette. — Elles se font avec une toile de 80 ou 90 centimètres de largeur. [illegible] une longueur variable à volonté, de 110 à 120 centimètres. On les ourle par les deux bouts.

Tabliers de toilette. — On les fait en toile [illegible] pour les personnes [illegible], sur une longueur de [illegible]. Pour faire la largeur de ces tabliers, [illegible] ou un seul lé de toile, de 90 ou 120 centimètres de largeur. Les deux lisières forment les côtés du tablier. L'on ourle tout le bas et l'on plisse tout le haut à grands plis de 2 centimètres environ, qu'on pose de manière [illegible] autres, et qu'on rassemble en [illegible] avec des points de [illegible] ou de surjet un peu écartés. L'on pose un [illegible] de fil [illegible], de 2 ou 3 centimètres de largeur, sur le sommet les plis; on coud d'abord une lisière en dehors, en arrière-point, ensuite on plie le ruban en deux parties, et l'on coud la seconde lisière à l'envers, à couture rabattue avec des points de côté.

Taies d'oreiller. — On prend de la toile de 80 centimètres de largeur, il en faut une longueur variable de 1 mètre 35 centimètres à 1 mètre 40 centimètres, qu'on plie en double. On coud deux côtés opposés à points de surjet et le troisième côté reste ouvert pour y faire entrer l'oreiller. On fait sur le côté ouvert un ourlet de 2 centimètres de hauteur, sur lequel on attache des cordons; on y fait aussi, sur une moitié d'un côté, des boutonnières à 4 ou 5 centimètres de distance, et on attache, sur l'autre moitié, des boutons en regard. Les personnes aisées, et qui aiment le luxe, garnissent le pourtour des oreillers avec de la dentelle, ou tissu [illegible] ble [illegible] et brodé.

Draps de lit de maître. — Pour un lit de 1 mètre 16 centimètres (3 pieds et demi), ou de 1 mètre 33 centimètres (4 pieds) de largeur sur 2 mètres de longueur, il faut une toile de 1 mètre 20 centimètres de largeur, sur laquelle on coupe deux lés de 4 mètres de longueur pour faire un drap, soit 16 mètres par paire de draps. On assemble deux lés ensemble et on coud leurs lisières à points de surjet très serrés.

Les draps de domestique se font avec deux lés de toile de 80 centimètres de largeur et coupés sur une longueur de 3 mètres, soit 12 mètres par paire de draps.

Tablier de femme de chambre. — On le fait avec de la percale d'une seule largeur, sur 1 mètre de hauteur; on prend en plus 20 centimètres pour en faire les deux poches, dont les quatre côtés sont ourlés. Le bas ou fond de la poche et les deux côtés sont assemblés et cousus sur le plat de l'étoffe, à points de surjet; le haut est ourlé et reste ouvert; quelquefois on passe un ruban dans cet ourlet. On plisse ou fronce tout le haut du tablier sur un ruban de fil assez long pour faire le tour de la ceinture et être noué par devant.

Tablier de valet de chambre. — On prend une toile de 1 mètre 20 centimètres de largeur et on en coupe une longueur de 1 mètre 30 centimètres pour faire un grand tablier, ou 1 mètre 20 centimètres pour faire un tablier ordinaire.

Supposons que vous ayez coupé 1 mètre 20 centimètres en longueur pour un tablier ordinaire : vous pliez la toile en deux sur sa longueur et vous faites une levée en échancrure sur la largeur, de 20 centimètres environ, à partir des lisières et allant en diminuant jusqu'au pli de l'étoffe. Vous avez ainsi, en dépliant l'étoffe, une pointe ou bavette qui forme le haut du tablier; puis, il vous reste deux levées de toile en forme de pointes, ayant chacune 60 centimètres de hauteur. Vous coupez chaque pointe par la moitié. Vous assemblez et cousez les morceaux semblables, par les plus grands côtés, à points de couture rabattue. Le plus grand morceau servira à faire la poche, et la pointe servira à doubler, à point de côté, celle que vous avez faite au haut du tablier, en coupant la levée. Cette doublure fortifiera une boutonnière qu'on fait au haut de ladite pointe, dans laquelle le valet de chambre fait entrer un des boutons de son gilet ou de son habit. On coud la poche au tablier, par-devant, comme les poches d'un tablier de femme de chambre, et vers le milieu de sa longueur. On ourle tout le haut et le bas du tablier, auquel on attache, sur les côtés, deux rubans de fil qu'on noue sur le devant de la ceinture.

Tablier de cuisinier. — Il faut prendre une toile de 1 mètre ou 1 mètre 20 centimètres de largeur; on en mesure 14 mètres 40 centimètres pour douze tabliers, y compris 1 mètre 20 centimètres qu'on lève sur le tout pour faire les poches des douze tabliers. Ces tabliers n'ont point de bavette; on plisse le haut sur un ruban de fil dont les bouts se nouent sur le devant de la ceinture. Ces tabliers sont ouverts par derrière; on met la poche vers le milieu du devant.

Linge de table. — Les serviettes et les nappes varient beaucoup, soit par la largeur, soit par la longueur; du reste, elles se vendent toutes mesurées et bien souvent coupées; il ne reste plus qu'à les ourler.

LINGE POUR L'ENFANT DU PREMIER AGE.

Chemise de brassière (ancienne) (planche 35, fig. 1). — Elle se fait en toile de 1 mètre de largeur, sur une longueur de 30 centimètres au moins. On prend le corps et une manche sur l'un des côtés, dans la largeur; on met l'ouverture de la brassière par derrière. Il faut 3 mètres 65 centimètres pour douze chemises.

Si l'on voulait des chemises plus grandes de deux doigts, et plus larges d'autant, on prendrait une toile de 90 centimètres; il en faudrait alors 3 mètres 40 centimètres pour douze chemises.

La figure 1, planche 35, représente le devant de la chemise de brassière toute coupée et montée; *a a*, sont les fentes auxquelles on coudra les manches, dont les extrémités sont relevées et garnies de dentelles; *b*, est la fente en haut de l'échancrure du devant. Cette espèce de chemise doit être ouverte par derrière, comme on le voit dans la figure; on la ferme sur le dos de l'enfant en mettant un côté sur l'autre et les attachant avec des épingles.

Chemise de brassière (patron moderne), représentée par les figures 2 A et 2 B.

Fig. 2, patron entier du corps de la chemise, dont les contours sont représentés par des lignes comme celles-ci : [illegible]

b, patron entier de la manche, avec pointe qui forme la manchette et qu'on relève sur ladite manche, comme on le voit figures 2 A et 2 B.

Fig. 3, demi-patron du col, représenté par des lignes comme celles-ci : - - - - - - -

Bavette moderne (fig. 4). — Il sera fait en toile, avec deux boutonnières, *a*, *b*, et deux boutons, *c*, *d*, pour joindre et maintenir les deux échancrures A et B.

D, devant de la bavette.

Bonnet de premier âge (18 mois), ancien modèle (planche 35, fig. 1 et 1 A). — On en fait ainsi cinq dans la largeur d'une toile de 90 centimètres, et dix dans la longueur de 70 centimètres. On taille, pour ainsi dire, tous les dix bonnets ensemble, l'un sur l'autre; pour cet effet, on plie la largeur de la toile en cinq parties égales, et la longueur en quatre; on coupe en rond ce qui doit faire le haut de derrière de la tête, de manière que la couture se trouve toujours sur le derrière du bonnet. La fig. 1 représente le bonnet déployé pour faire voir la double échancrure du haut de la tête.

Pour monter le bonnet, on fait autour du devant, en dedans, un [illegible] ourlet. On fait un seul pli de chaque côté, sur les joues, et on garnit tout le devant avec de la dentelle (fig. 2 A). On attache au bas du bonnet, d'un côté, un petit ruban de fil qu'on fait passer sous le menton de l'enfant et qu'on arrête, de l'autre côté, avec une épingle fine.

Bonnet du deuxième âge (2 ans), même patron. — On en taille quatre dans la largeur de la même toile, et douze dans la longueur de 1 mètre 16 centimètres; il reste une levée.

Bonnet de troisième âge (3 ans), même patron. — On en prend quatre dans la largeur, et douze dans la longueur de 1 mètre 25 centimètres, plus une levée.

Toutefois, le patron fig. 2 et 2 A, qui nous a été fourni par une lingère très renommée de la capitale (1), nous semble plus gracieux, quoique plus coûteux, pour la coupe et la façon.

Chemise d'enfant du deuxième âge (2 ans), ancienne (voir la forme planche 35, fig. 2). — Il faut prendre de la toile de 90 centimètres de largeur. L'on mesure trois corps dans la largeur, et chaque corps aura 60 centimètres de hauteur; on coupe trois paires de pointes dans la même largeur, qui auront chacune 30 centimètres de longueur, et monteront, en [illegible] la pointe, jusqu'au gousset. On fait trois manches dans la largeur, et trois paires de manches sur une longueur de 30 centimètres.

Ainsi, on emploie en tout 3 mètres 10 centimètres pour faire six chemises.

L'on fend le haut du derrière de cette chemise, comme une chemise brassière, de 15 centimètres environ.

Chemise du troisième âge (3 ans) (2). — L'on fera deux corps dans la largeur d'une toile de 80 centimètres de largeur, et trois paires de pointes dans la même largeur; le corps aura 75 centimètres de hauteur, les pointes ne doivent monter qu'à 15 centimètres du gousset. L'on prendra 30 centimètres de toile pour faire deux paires de manches. Ces manches seront plissées en dessus.

Chemise de quatrième âge (de 5 à 7 ans). — L'on emploiera une toile de 80 centimètres de largeur; on en fera deux corps dans la largeur, et deux paires de pointes dans la même largeur. Les corps auront 80 centimètres de longueur, et les pointes 60 centimètres. L'on prendra 40 centimètres

(1) Madame Pasco, rue Vivienne.

(2) Jusqu'à l'âge de cinq ans, les filles et les garçons portent les mêmes chemises; mais, à compter de cet âge, on donne aux garçons leur première culotte et on fait leurs chemises comme celles d'hommes. Les filles continuent de porter la même chemise, dont on augmente seulement les dimensions.

pour les manches, qui seront alors plissées. En tout 7 mètres 30 centimètres pour six chemises.

Chemise d'enfant (moderne) (planche 35, fig. 5 A et 5 B, et patron n° 4).

N° 4. Patron entier d'une chemise d'enfant (3 ans) dont le haut du derrière est ouvert en C; on la coupera, en suivant le patron indiqué par les lignes brisées, sur une toile de 80 centimètres de largeur, pliée en double dans sa largeur. Les quatre levées de toile que vous retirerez en formant les deux côtés obliques vous serviront à faire d'autres objets de lingerie.

Quant à la forme et à la coupe des manches, on peut les faire de deux manières différentes : 1° sans couper l'emmanchure en A, comme le dessin 5 A l'indique, et 2° en coupant et évidant un peu obliquement la manche du haut en B, comme la figure 2 B le représente.

Dans le premier cas, l'on assemble tout simplement les manches avec une *couture rabattue* en suivant les contours indiqués par les lignes brisées.

Dans le second cas, on replie les deux bords B, les remplis en dedans de la chemise, on coud les deux plis à point de surjet et l'on attache ensuite les remplis en dedans avec une couture rabattue. On comprend aisément que, dans ce dernier cas, les manches froncent un peu en D, mais l'on dissimule les fronces, autant que possible, en faisant un ou deux plis qu'on fixe en *point-arrière*. Les dessus des manches obliquent un peu, comme la fig. 5 B le fait comprendre; la chemise enveloppe mieux les épaules, et fait moins de plis qui blessent toujours l'enfant.

N° 5. Autre patron de chemise d'enfant (de 5 ans), ayant 55 centimètres de hauteur, y compris l'ourlet à faire en bas. Le dessous des bras est arrondi, et cousu à point de couture rabattue. On taille cette chemise dans une toile de chanvre ou de coton, de 80 centimètres de largeur, après l'avoir pliée en deux dans sa largeur.

Il reste quatre levées séparées, de 20 centimètres chacune, qu'on utilise au besoin. Ces deux dernières chemises sont certainement plus économiques et plus faciles à faire que les premières, parce qu'on emploie moins de temps et de fatigue à couper, à assembler et à coudre les pièces qui sont au nombre de deux seulement; mais il faut avouer aussi qu'on fait des levées d'étoffe qu'on n'utilise pas immédiatement, et c'est là l'inconvénient à éviter.

Chemise pour une jeune fille de 7 à 8 ans. — Vous taillez deux côtés dans la largeur d'une toile de 90 centimètres, deux paires de pointes dans la même largeur, deux paires de manches sur une longueur de 45 centimètres. Les côtés auront 90 centimètres de hauteur, et les pointes 60 centimètres.

Vous emploierez ainsi 8 mètres 80 centimètres pour faire ces six chemises.

Pour faire six chemises de la même façon, à l'usage d'une jeune fille de 8 à 10 ans, en augmentant les dimensions, il faut prendre 9 mètres 90 centimètres.

Pour six chemises à l'usage d'une jeune fille de 10 à 12 ans, il faut prendre 11 mètres et demi;

Pour celle de 12 à 14 ans, 13 mètres.

Première chemise de femme à l'anglaise (planche 36, fig. 1). — Il faut prendre une toile de 80 ou même de 90 centimètres de largeur; on coupera 2 mètres 40 centimètres de longueur pour faire le corps; on pliera ensuite cette longueur en deux parties égales, ce qui donnera une longueur de 1 mètre 20 centimètres pour le corps de la chemise; on lèvera en haut deux petites pointes égales pour les mettre en bas, observant que le haut de la chemise ait toujours 60 centimètres de largeur. Pour faire les manches, on emploiera la même largeur de toile; si elles sont plissées en dessus, on en prendra 2 mètres 40 centimètres pour six paires, en prenant dans la largeur de la toile une manche entière et la moitié d'une seconde. En tout 16 mètres 80 centimètres.

Toutes les chemises de femmes ont une échancrure au haut du devant de la chemise, plus ou moins profonde. Cette échancrure est ordinairement de 16 centimètres de profondeur sur 45 centimètres de longueur d'une épaule à l'autre, comme on le voit fig. 1 à 6, et la levée sert à faire les deux goussets.

Deuxième chemise (façon anglaise) (fig. 2). — Cette façon ne convient qu'aux personnes maigres. On emploie de la toile de 80 centimètres, même longueur pour le corps que la précédente, même largeur en haut; mais il ne faut lever en haut qu'une pointe de 20 centimètres de largeur; on la coupera, d'un côté seulement, sur une longueur de 30 centimètres, qui formera l'entournure de l'épaule; puis, à partir de la longueur coupée, vous taillez tout de suite la pointe, l'étroit en bas, comme le trait noir l'indique, et vous la joignez, l'étroit en haut, au côté opposé, sur lequel vous n'avez rien coupé.

En outre, vous prenez 1 mètre 20 centimètres pour faire trois paires de manches, les trois autres étant faites avec les 30 centimètres levés en haut du corps des six chemises. Vous emploierez ainsi 15 mètres 60 centimètres, c'est-à-dire 1 mètre 20 centimètres de moins, ou 20 centimètres de moins par chemise.

Chemise de femme à la façon française (planche 36, fig. 3). — L'on prend de la toile de 90 centimètres de largeur, et l'on coupe ordinairement 2 mètres 40 centimètres de longueur pour faire le corps, en pliant la toile dans sa largeur. L'on prend, en outre, 1 mètre de longueur pour trois paires de pointes, dans la largeur de la toile. On lève ensuite, sur toute la largeur du corps de la chemise, une bande de 20 centimètres de largeur, qui sert à faire deux paires de manches et deux paires de goussets. On emploie ainsi 16 mètres 40 centimètres de toile, et il reste trois bandes ou *levées* de toile de 20 centimètres de largeur et 8 mètres 20 centimètres de longueur. Ces bandes servent à renouveler les manches et les goussets lorsqu'ils sont usés.

Quelquefois, pour donner une rondeur plus uniforme au bas de la chemise, afin qu'elle ne tombe pas en pointe sur les côtés, on ajoute deux petites pointes; on coupe ces pointes sur une longueur de toile de 45 centimètres, et on prend dans la demi-largeur de la toile 12 pointes ayant chacune plus de 7 centimètres à la base. La levée qui reste sert à faire douze autres pointes pour six autres chemises.

Les grandes pointes *a* et *b* doivent être cousues à 20 centimètres au-dessous du haut de l'épaulette, à point de couture rabattue. Si l'on plisse les manches, on y ajoute un petit poignet que l'on pique en arrière-point, ou que l'on coud avec *une couture rabattue*. Si on les veut plates, on ourle seulement les extrémités. Si on les veut plates et garnies (fig. 5 A), on coudra la garniture à point de surjet.

Moyen économique d'allonger de 16 centimètres une chemise de femme, sans qu'il y paraisse (façon française ou anglaise). — Vous décousez les manches, et vous coupez les épaulettes en travers, au niveau de l'échancrure du devant; elles ne tiendront plus alors qu'au derrière de la chemise.

Vous taillez un morceau de toile de la même qualité que celle de la chemise, ayant 16 centimètres de hauteur dans le sens des fils de la chaîne et de la largeur du haut du devant de la chemise, à l'endroit coupé. Vous cousez chaque morceau de toile sur l'endroit coupé à point de couture rabattue.

Vous cousez la coupure faite dans les épaulettes avec ledit morceau ou allonge, au milieu duquel vous ferez la petite échancrure du derrière, entre les deux épaules. Vous recoudrez les manches.

A l'aide de ce moyen, la chemise sera allongée de 16 centimètres, et le derrière sera maintenant le devant; il y aura une couture à chaque épaulette et une au dos; le commencement des pointes se trouvera de 16 centimètres plus bas.

Nouveaux patrons de chemises de femme (voir planche 36, fig. 4, 5 et 6). — L'inspection des patrons et des dessins (fig. 4, 4 A, 5, 5 A, 6 et 6 A) suffit certainement pour indiquer la manière de couper, tailler, coudre et garnir les chemises. Elles ont, d'ailleurs, la même longueur et la même largeur que celles que nous avons décrites précédemment. Nous n'aurons donc rien à ajouter de mieux et de nouveau à toutes les explications que nous avons déjà données en parlant des points de couture, de la coupe et des façons de chemises de femme. Il suffit de se les rappeler.

Peignoirs de toilette. — Il se fait deux sortes de peignoirs : le peignoir à manches rapportées et le *peignoir en pagode* (ancienne mode).

Pour la mesure du premier, l'on choisit une toile de 90 centimètres de largeur, et l'on mesure et coupe trois trois lés, chacun de 90 centimètres de longueur. L'on coupe un lé par le milieu, du haut en bas, ce qui donne deux demi-lés qui sont destinés à former le devant du peignoir, qui doit être ouvert. Il faut prendre, en outre, 120 centimètres de la même toile pour faire les deux manches, sur le côté desquelles on lèvera le col. L'on emploie en tout 3 mètres 60 centimètres par peignoir.

Pour la façon de ce peignoir, on coud toutes les lisières ensemble avec des points de surjet, on ourle tout le bas, on plisse et on coud tout le haut à *point-devant*, comme nous l'avons dit en parlant du *tablier de toilette*; mais les plis doivent être plus petits et proportionnés à la grosseur du col de la personne qui doit s'en servir. Puis, on coud le col de la même toile à point de côté, en faisant un point à chaque pli en dehors, et, pliant le col en deux sur sa longueur, on coud de même ce redoublement en dedans, pli à pli, ou bien de deux en deux plis, comme le poignet d'une chemise d'homme. Si l'on veut placer une coulisse dans le col, on ourle les bords des extrémités du col et l'on passe un ruban au travers, autrement on les surjette pour coudre le ruban par-dessus.

Pour poser les manches, on les coud d'abord, et on les assemble aux ouvertures qu'on a laissées, au-dessous des épaules, en cousant les deux demi-lés de devant. On plisse chaque manche à mesure qu'on la coud à l'ouverture. La largeur de chaque pli doit être d'environ un doigt, et on les place les uns sur les autres à moitié de leur largeur.

Pour faire le peignoir en pagode.

On prend la même mesure de toile que pour le précédent, excepté qu'on n'y ajoute pas de manches à part. Ainsi, pour former la manche, vous commencez par assembler le bas, vous cousez les deux lés du devant avec le lé entier du derrière, vous arrêtez cette couture à 40 centimètres environ en montant, ce qui va ordinairement au niveau du coude, vous laissez un espace libre de 40 centimètres sans coudre, et vous reprenez ensuite la couture; mais à celle-ci, au lieu de coudre le lé entier sur sa longueur avec le demi-lé, vous rapportez et assemblez une portion du haut de la largeur dudit lé entier, avec ce qui doit rester de la longueur du demi-lé, l'ouverture de la manche étant épargnée. Vous concevez : 1° que le lé entier et le demi-lé sont cousus en bas, tous deux à 50 centimètres sur leur longueur; 2° que la couture d'en haut occupe une portion du lé entier sur la largeur, cousu avec le haut de la longueur du demi-lé. Cette manière occasionne nécessairement une poche ou portion lâche de la toile du lé entier, à l'endroit du tiers du milieu non cousu, ce qui formera *la poignée*, autrement l'espèce de manche au travers de laquelle passera le bras tout habillé, on finira par plisser le haut de ce peignoir, comme le précédent.

La figure 5 de la planche [illegible] fait bien comprendre la manière de faire le *peignoir* [illegible]. AA sont les deux lés de derrière; BB, les deux demi-lés de devant; C, l'ouverture de la manche haute.

GARNITURE. — Si l'on garnit le peignoir en entier, il faut prendre 60 centimètres de mousseline d'une largeur de 90 centimètres, l'on partage cette mousseline en huit bandes, ce qui donne une largeur de 11 centimètres [illegible], et l'on ne garnit que le bas du peignoir [illegible], il ne faut que [illegible] mètres de mousseline, ou [illegible] centimètres de dentelle.

Pour coudre les garnitures, on commence à [illegible] par [illegible] la bande [illegible] [illegible], la petite [illegible] sur [illegible] à point [illegible] par la grande et la petite bande. Aujourd'hui, [illegible] ou [illegible] de fil [illegible] coupé par bandes d'une largeur variable; on le coud tout simplement aux bords du peignoir à point de surjet.

Pour les peignoirs [illegible], on emploie les festons brodés ou de la dentelle que l'on fronce et coud à point de surjet; mais, pour [illegible], les volants très [illegible] leur feston ou la dentelle à plat; le peignoir, [illegible] aussi gracieux, quoique [illegible] étoffe et moins coûteux.

LINGE POUR L'AUTEL.

Les trois nappes d'autel;

Les deux nappes de crédence;

La toile de la pale;

Le corporal;

L'essuie-doigts ou lavabo;

Le purificatoire;

La nappe de communion;

Linge pour l'ecclésiastique. — Le rabat, l'aube, l'amict, le surplis, le tour d'étole, le rochet, les manchettes de soutane.

Les nappes d'autel servent à couvrir entièrement la table ou dessus d'autel; elles se font généralement avec de la toile de lin; elles sont au nombre de trois, deux grandes et une petite; la mesure de chaque nappe est déterminée par les dimensions en longueur et en largeur du dessus d'autel lui-même. Il faut les connaître d'avance avant de tailler. Voici comment on les dispose : la plus petite, qui est placée la première sur l'autel, doit couvrir la pierre bénite; la plus grande, qui est mise par dessus, doit couvrir toute la table, elle doit déborder par devant et pendre sur les côtés; la troisième, qui est placée sur la grande, doit couvrir tout le dessus de l'autel sans déborder les extrémités. Ces trois nappes sont seulement ourlées.

Les *nappes de crédence*, en toile de lin, sont au nombre de deux; elles sont destinées à couvrir les deux crédences, petites tables ou consoles posées de chaque côté de l'autel; elles se mesurent et se coupent d'après les dimensions de la table, comme les nappes d'autel.

L'*essuie-doigts* ou *lavabo* sert à essuyer les doigts des prêtres après le lavabo de la messe; il sert aussi, lorsqu'il est plié en long, à couvrir les deux burettes; il se fait en toile de lin, ayant une mesure de 30 centimètres de largeur sur 60 centimètres de longueur.

Le *corporal* est un linge qui s'étend à plat sur le milieu de l'autel pour poser le calice dessus; il se fait en toile batiste, et a [illegible] de 50 centimètres en carré.

La *pale* sert à couvrir la patène lorsqu'elle est posée sur le calice; elle est composée d'un carton coupé en carré de 20 centimètres [illegible] une espèce de sac en toile. Ce sac se fait en batiste de 20 centimètres de longueur sur 20 centimètres de largeur, et quelques millimètres en plus pour faire les coutures. On coud la batiste après l'avoir pliée en double dans le sens de sa longueur, et en laissant un côté ouvert pour y faire entrer le carton. Le côté ouvert est ensuite cousu.

La *nappe de communion* se fait avec de la toile de 60 centimètres de largeur, et sur une longueur variable à volonté, en les ourlant aux deux bouts. Pour les nappes qui sont destinées pour les églises où l'autel de la communion est entouré d'une balustrade, on y coud, sur l'une des lisières, de distance en distance, des rubans de fil pliés en double; ces rubans servent à attacher la nappe à la balustrade. Quand il n'y a pas de balustrade pour accrocher la nappe, ce sont les enfants de chœur ou des clercs qui la soutiennent par les deux bouts. On se sert aussi d'une petite serviette ordinaire, d'un mouchoir blanc, ou d'un voile de calice, que chaque communiant se passe de l'un à l'autre.

L'*aube* est une espèce de chemise d'homme qui se met immédiatement sur la soutane du prêtre; elle se fait en deux ou quatre lés de batiste ou de mousseline; elle a pour l'ordinaire 1 mètre et demi de longueur; les manches se font toujours en *amadis* (1), d'une longueur de 60 centimètres et plus, selon la grandeur de l'ecclésiastique qui doit la porter. Le haut des deux lés du devant doit être échancré de deux doigts en forme d'ovale, comme le haut d'une chemise de femme, mais beaucoup moins, et suffisamment pour passer la tête (planche 36, fig. 1 à 3). L'on plisse le haut du corps de l'aube (planche 36, fig. 3), on le coud avec un collet de 12 à 15 centimètres, comme un peignoir en *poignée*. On fait un grand ourlet en bas de l'aube.

Le *surplis* est porté par les prêtres [illegible], par dessus leur soutane, lorsqu'ils chantent l'office ou qu'ils prêchent (2). Le corps du surplis est fait ordinairement de quatre lés de batiste ou de mousseline, de 1 mètre de longueur chacun. Le haut du devant du corps est plissé, cousu et échancré comme l'aube, mais on y ajoute deux ailes ou manches qui pendent en bas. Chaque manche est faite avec un lé de batiste de 1 mètre [illegible] centimètres de longueur; on le plie en deux dans sa longueur, de manière que l'un des doubles, celui qui forme le dessus de la manche (3), dépasse l'autre de 3 centimètres environ.

Les lés qui forment le derrière et le devant du surplis sont cousus à point de surjet sur les lisières, mais les deux lés de chaque côté doivent rester ouverts depuis le dessous des bras, à peu près 20 centimètres à côté de l'épaulette, jusqu'aux deux tiers du corps du surplis, afin de pouvoir y passer les bras. Ces deux ouvertures prennent le nom de *poches*, et cela est dit seulement parce que le prêtre peut y passer les bras pour fouiller dans la poche de sa soutane. En plissant le corps du surplis pour faire le tour du col, on doit laisser un espace non plissé de 12 à [illegible] centimètres de chaque côté. On y coud deux épaulettes de la même longueur.

Sur l'espace de 20 centimètres, laissé au-dessus des ouvertures ou *poches*, on plisse et coud les deux manches, le côté le plus étroit par-devant et le plus large par-derrière. On couvre tous ces plis et ceux du col d'une toile formant un poignet de 15 millimètres de largeur. On fait un grand ourlet de 3 centimètres de largeur autour du bas du corps du surplis et des manches.

Le *rochet* est porté principalement par les évêques; il se fait en batiste. C'est un corps de surplis qui n'a point de manches. Le rochet à la romaine a des manches en amadis comme l'aube.

L'*amict* est une espèce de mouchoir carré que le prêtre met sur son col en s'habillant pour la messe. Il se fait avec de la toile fine, sur 80 centimètres en carré. L'on attache aux deux coins, sur le même côté, deux cordons que le prêtre croise sur sa poitrine et noue ensuite sur ses reins.

Le *tour d'étole* est un linge qu'on bâtit à l'endroit où l'étole touche autour du col; il a 10 centimètres de largeur et 60 centimètres de longueur.

Le *rabat ecclésiastique*, qu'on nomme aussi *petit collet*, est une marque distinctive de tout abbé, non seulement dans l'église, mais encore dans les villes. On l'appelle *petit collet* pour le distinguer du grand rabat plissé que les magistrats ne doivent porter qu'avec les robes de palais.

Le *petit rabat* se fait de gaze noire. les deux devans ou pentes pendantes sont bordés avec des ourlets en toile, de 4 millimètres de largeur, rapportés et cousus avec la gaze. Le haut ou tour du rabat est bordé aussi d'une toile de [illegible] centimètres de largeur, qu'on replie sur le petit collet de la soutane [illegible] avec des épingles.

On fait [illegible] de petits rabats dans 1 mètre 20 centimètres de gaze.

Le *rabat de palais* se fait avec de la batiste plissée, ou mieux avec de la toile [illegible]; chaque devant ou branche a [illegible] de longueur environ sur [illegible] centimètres de largeur; on ourle le bas et les côtés, et on fait une coulisse dans le haut, on y passe un cordon dont on tourne les deux bouts autour du col et qu'on noue ensuite par-dessous.

ART DE LA COUTURIÈRE OU DE LA TAILLEUSE DE ROBES.

Certes, notre intention n'est pas d'entrer ici dans tous les détails de l'art de la couturière, qui, en définitive, se compose de la manière de tailler les robes, de les coudre et de les garnir.

Disons donc que pour tailler, coudre et garnir une robe, la couturière procède, pratiquement parlant, comme la lingère, c'est-à-dire qu'elle mesure, taille et coupe les étoffes de même, en suivant les contours d'un patron donné; qu'elle emploie les mêmes points de couture, les mêmes outils, les mêmes fils à coudre, etc.

Cependant l'art de la couturière diffère beaucoup de celui de la lingère; il embrasse beaucoup plus de choses; il exige surtout plus d'aptitude et de goût de la part de l'ouvrière, pour varier les formes et les garnitures des robes.

En un mot, la couturière doit joindre à l'habileté de main pour tailler et coudre les robes les ressources d'une imagination vive, féconde et prompte à saisir le goût du jour, ou plutôt à jeter dans ses productions cette variété de formes et d'ornemens qui flatte la femme et qui détermine son choix.

Mais nous ne pouvons pas, ou plutôt nous ne devons pas indiquer les formes des robes; cette mission appartient exclusivement au journal des *Modes parisiennes*, auquel nous

(1) On dit [illegible] une sorte de manche en d'autre vêtement qui s'applique exactement sur le bras sous l'aisselle [illegible].

(2) Les chanoines, dans leur église, portaient une soutane en peau qu'ils nommaient *pelliceum*; et lorsqu'ils mettaient par-dessus ce vêtement de toile, ils l'appelaient *superpelliceum*, d'où est venu en français le mot *surplis* ou *surplis*.

(3) On dit improprement *manche*, puisque les deux doubles doivent rester ouverts de haut en bas.

renvoyons. Ce journal donne toutes les modes qui paraissent et les explique beaucoup mieux que nous ne pourrions le faire nous-même.

Nous indiquerons seulement la manière de tailler et d'assembler toutes les pièces d'une robe.

La robe se compose du jupon, du corsage et des manches.

La jupe se prépare invariablement en coupant d'abord les lés qui doivent la composer. On en met deux, trois, quatre, six et plus, suivant la largeur de l'étoffe employée, la grosseur de la personne ou la largeur des lés. Ainsi, on emploie le plus ordinairement deux lés d'étoffe mérinos, huit lés d'étoffe de soie, six lés de mousseline, quatre lés d'indiennes ou toiles peintes, etc. On ajoute un demi-lé, même un lé entier, lorsque la femme est très forte. La hauteur ou la longueur de la jupe varie aussi suivant la taille de la personne. Il faut en prendre la mesure depuis la ceinture jusqu'aux pieds, et prendre de l'étoffe en plus pour faire l'ourlet d'en bas.

Pour monter la jupe, on assemble les lés et on coud les lisières deux à deux à points devant ou à points de côté, en laissant en haut un espace de 20 à 25 centimètres non cousu, afin de faciliter l'entrée du jupon.

Quant au corsage et aux manches, qui changent continuellement de forme, il faut les tailler sur un patron déterminé d'avance par une bonne couturière; celle-ci prend alors la mesure exactement sur le corps. Mais la grande difficulté est de tailler les pièces d'après les mesures prises ou réelles, et de les assembler assez exactement pour ne gêner en aucune façon les mouvements du corps.

Le plus communément, on fait une couture sur les côtés du corsage. Cette couture joint le devant à une petite pièce nommée *petit côté*, qui forme le dessous du bras; elle se pique en posant le devant sur le petit côté; le petit côté à son tour se pose et se pique sur le morceau qui doit former le derrière de la taille.

L'on bâtit le bas du corsage sur un ruban de fil, afin qu'il ait la force de résister à tous les mouvements de la taille.

Ce ruban doit avoir de 3 à 4 centimètres de largeur et la longueur suffisante pour ceindre la taille de la personne. On recouvre ce ruban d'une bande d'étoffe pareille au jupon, qu'on bâtit d'abord et qu'on pique ensuite en point-arrière, en ayant soin qu'elle cache exactement les extrémités des pièces du corsage; puis on replie l'étoffe à l'envers sur le ruban de fil, et on la coud à points coulés.

Pour monter convenablement les manches et faciliter le mouvement des bras, on fait une échancrure demi-circulaire sur le devant de l'emmanchure, formée par l'épaulette, et le dessous du bras (la fig. 6, pl. 36, en donne une idée assez exacte). On partage la manche en deux parties égales, ainsi que l'emmanchure; on attache la couture qui joint la manche (pl. 36, fig. 6) au bas de l'emmanchure et à 1 ou 2 centimètres en avant de la couture piquée, laquelle joint le petit côté au devant du corsage. Le haut de la manche, opposé à la couture, est attaché au bout de l'emmanchure. Puis l'on bâtit la manche sans faire de plis; ensuite on fait la couture circulairement à points-arrière très rapprochés.

Quand le corsage n'est pas destiné à être doublé, on entoure l'emmanchure d'une ganse ronde ou plate à l'aide d'un bâtis dont les points de côté percent très peu à l'endroit; on fait ensuite un point noué tout autour de l'emmanchure, afin d'empêcher l'étoffe de s'effiler.

Cela fait, on monte la jupe après le corsage; pour cela, on partage la jupe en deux parties égales, en ayant soin de plier au milieu d'un lé d'étoffe, et on coud ce pli sur le milieu du corsage; puis, on continue la couture à points de surjet en fronçant ou plissant l'étoffe de manière que la fente, ouverte sur le haut du jupon, tombe au milieu du dos.

L'on fait ensuite tout autour de la jupe un rempli en dedans de 2 centimètres ou plus, à volonté, et beaucoup plus considérable sur le devant de la robe, principalement au milieu (1). Si l'on ne prenait pas cette précaution, la jupe se plisserait horizontalement sur le ventre.

Le *doublage* des robes s'effectue, à peu de chose près, de la même manière qu'on taille et assemble la robe, et nous n'en parlerons pas afin d'éviter les répétitions.

Pour compléter ce que nous avons à dire sur la manière de faire les points de couture, nous donnerons les dessins de plusieurs points noués, pouvant servir à la broderie du linge et des étoffes.

Fig. 10 et 11. Point noué simple bouclé en dessus.

Fig. 12. Point noué double.

Fig. 13 à 21. Points croisés, simples et doubles.

Et nous ajouterons encore les figures, vues en perspective, des points de couture employés par le tapissier.

Fig. 22 et 23. Point devant.

Fig. 24. Point de côté.

Fig. 25. Point en dessus.

Fig. 26. Point à border une étoffe en une seule fois : *a* l'étoffe; *b* les points avec lesquels on prend en même temps les deux bords du ruban et l'étoffe qu'il enveloppe; *c* l'aiguille; *d* le ruban.

Fig. 27. Point lacé. On l'emploie pour les tapis de pied, ainsi que pour les étoffes très épaisses : *a* l'étoffe; *b* le fil qui forme le lacé, et qui ne prend que la moitié de l'épaisseur de l'étoffe, de manière que les deux lisières sont rapprochées et serrées sans que les points paraissent dessus.

Fig. 28. Manière de reprendre les relais (2) ou ouverture.

Fig. 29. *a* Relais ou ouverture que laisse le changement de deux couleurs; *b* lacs formé pour la reprise d'un relais *a*.

Fig. 30. Manière de former les lacs, qui est le nœud qui joint les deux couleurs.

BLANCHIMENT ET BLANCHISSAGE DU LINGE.

Il y a une différence essentielle entre le *blanchiment* et le *blanchissage* du linge. Ainsi, par le mot de *blanchiment* on entend l'art de blanchir, de rendre blanche une toile qui était écrue ou colorée naturellement, et par celui de *blanchissage*, on désigne l'art de décrasser, de rendre propre ou de nettoyer le linge qui a été sali par l'usage ou par toute autre cause accidentelle.

C'est des meilleurs procédés du *blanchissage du linge* ou *lessivage domestique* seul que nous pouvons parler.

La lessive alcaline et chaude est assurément le premier et le meilleur moyen qu'on puisse employer pour le *blanchissage du linge*. Toutefois, on ne sait pas généralement dans les ménages les méthodes les plus sûres et les plus économiques pour la chauffer et la couler sur le linge.

Voici le procédé le plus en usage aujourd'hui : Avant de mettre le linge dans un cuvier, on lui fait subir trois opérations : 1° le *triage*, qui a pour but de distribuer le linge en plusieurs tas, suivant son degré de finesse; 2° le *trempage*, ou première imbibition d'eau froide que l'on fait dans des baquets en bois; 3° l'*essangeage* ou lavage dans de l'eau froide, pour enlever le plus gros de la malpropreté. On place sur un trépied un grand cuvier percé au bas latéralement d'un trou de 2 à 3 centimètres. On adapte à ce trou une chantepleure en bois, ou bien un bouchon de paille. On met le linge sale dans ce cuvier, dont le fond est garni d'une couche épaisse de paille ou mieux d'un plancher à claire-voie, en commençant par le plus fin, et on le recouvre d'une grosse toile pliée en double, qu'on nomme *cuvier* ou *charrier*. Cette toile déborde le cuvier de 30 à 40 centimètres. L'on place sur cette toile, qui forme une poche, des cendres de bois neuf et non flotté; l'on verse ensuite par dessus de l'eau que l'on chauffe dans une chaudière en cuivre. (Les blanchisseurs y mettent un peu de potasse de soude, ce qui rend la lessive plus alcaline et plus énergique). Le plus ordinairement, on rabat les bords du charrier sur les cendres, et quelquefois on couvre le cuvier d'un couvercle de natte. L'eau chaude qu'on y verse doit être distribuée bien également sur toute la surface; elle dissout les sels alcalins contenus dans les cendres, filtre à travers les toiles, imprègne le linge sale qui est au-dessous; de là elle sort par le bouchon de paille qu'on a adapté au trou latéral du cuvier, et tombe dans un autre vase plus petit, placé au-dessous. A mesure que la lessive s'écoule, on en verse sur les cendres de la nouvelle, qui est chauffée dans une chaudière en cuivre, on la remplace dans celle-ci par celle qui s'est écoulée par le trou du cuvier; c'est ce qu'on nomme *couler la lessive*. On répète cette opération pendant dix ou douze heures et même plus; et, quand on juge que la lessive a suffisamment agi sur le linge pour le blanchir, on enlève le charrier avec les cendres; on retire le linge du cuvier, on le lave, on le savonne en le battant et on le rince à l'eau claire seule jusqu'à ce que celle-ci en sorte très propre. On l'étend ensuite sur des cordes, en plein air, pour le faire sécher. Lorsqu'il est sec, on le détire, on le repasse avec un fer chaud, on le plie, puis on le serre et on le conserve pour l'usage.

La raison de cette opération est bien facile à comprendre :

La saleté ou *crasse* du linge se compose non seulement de matières solubles dans l'eau et qui s'en vont par l'essangeage, mais encore de matières insolubles dans l'eau, d'une nature graisseuse, qui forment, avec l'alcali, la soude ou la potasse contenue dans la lessive, une espèce de savon, et qui s'en détachent ensuite par le lavage à l'eau. Nous ferons remarquer, toutefois, que la saleté n'est pas la même dans tous les objets de lingerie que nous consommons. Ainsi, la crasse des bas, des chemises, des draps de lit qui reçoit les effets de la transpiration; cette saleté ou crasse, disons-nous, diffère essentiellement de celle des mouchoirs de poche, des rideaux de croisée, des serviettes et nappes de table.

Disons, cependant, que le coulage de la lessive à chaud, comme nous venons de le décrire, est le moyen le plus vicieux et celui qu'il importe le plus de réformer.

Au résumé, ce système grossier de blanchissage présente les inconvéniens suivans :

La vapeur qui se dégage de la lessive pendant le transvasement remplit la pièce destinée à ce service, obscurcit l'air, se condense sur les plafonds et sur les murs qu'elle détériore, et occasionne une perte de chaleur, et, par suite, de combustibles.

Le transport et le transvasement rendent le service pénible, occupent des bras et produisent un écoulement d'eau qui salit et mouille le sol.

Ensuite, malgré les soins et les précautions que prennent les personnes chargées du transvasement, la lessive est jetée dans le cuvier à des températures inégales.

Enfin, un coulage de lessive fait par ce procédé n'exige pas moins de huit à dix heures de travail et de soins continus.

« Un autre inconvénient, dit M. le Dr Bérpin (3) dans son

(1) Cette manière de faire s'appelle *basquer*.

(2) Dans l'art de la tapisserie des Gobelins, le relais est une ouverture que laisse entre deux fils de la chaîne le changement de deux couleurs (voy. Tapisserie à l'instar de celle des Gobelins.

(3) Voir son excellent mémoire sur les divers procédés de blanchissage, inséré dans le *Bulletin de la Société d'encouragement*, février 1829 et suiv.

par un couvercle. Il est bien entendu que le soufre en combustion est placé, d'abord, au fond du tonneau. On peut encore se servir d'un tonneau ou baril ouvert par les deux bouts, auquel on adapte un couvercle en dessus. Quand les dentelles de soie sont disposées sur le filet, comme nous venons de le dire, on recouvre ou coiffe le vase qui contient le soufre en combustion, avec le tonneau, et on entoure la partie inférieure avec de la terre glaise, etc.

L'*effilé* se blanchit comme le filet et se met au soufroir s'il est de soie; on le peigne ensuite pour rendre les barbes ou franges bien égales.

Les *blondes* et les *gazes de soie* se blanchissent de même que les dentelles de soie. Quand elles sont très jaunes, on les fait tremper pendant quelque temps dans une eau de savon très légère, chauffée au bain-marie, sans les tordre et sans les presser; et, pour éviter tout déchirement ou éraillement, on les place dans un sac ou filet à mailles fines. On les rince ensuite soigneusement dans de l'eau claire pour enlever le savon, qui détériorerait la soie. On les soumet au soufroir en les plaçant entre deux linges mouillés, puis on les attache sur le tapis, comme les dentelles, et on leur donne l'apprêt à l'eau de gomme, en y ajoutant un peu de bleu liquide pour azurer. On prétend à tort que les blondes sont plus brillantes quand on les apprête à la gomme, avant de les soufrer; le *soufrage*, dans ce cas, agit seulement sur la gomme et non sur le fil de soie qu'il n'atteint pas. Il faut observer que les blondes et les filets doivent être sèches avant d'être mis sur le tapis et soumis à l'apprêt, sans cela ils se rompraient.

Le blanchissage des bas de soie, etc., consiste absolument dans les mêmes procédés que ceux indiqués pour les blondes. On les étend, après le soufrage et le lavage, sur une forme pendant qu'ils sont encore humides, et on les moire avec une espèce de molette en fer appelée *glaçoir*, et, à son défaut, avec la partie convexe du cul d'une bouteille de verre.

Il faut observer que la fumée du soufre, en blanchissant les bas, les dessèche, mais on les assouplit en les lavant avec promptitude dans un bain chaud contenant 30 grammes de crème de tartre pour 8 litres d'eau.

Au résumé, comme la soie est le produit d'un corps animal, la grande chaleur la fait crisper et la rend plus cassante, et le frottement qu'on lui a fait subir pour la lustrer et la moirer achève de la briser. Il faut donc se contenter, lorsque les bas ont déjà servi, de les mettre sur la forme pour les bien faire sécher, de mettre peu de soufre sur un réchaud qui contient peu de cendres chaudes ou peu de charbons ardents, sauf à répéter l'opération une seconde fois, après le lavage. Enfin, il faut tenir les bas suspendus dans le soufroir à une hauteur suffisante pour qu'ils ne puissent être exposés à la chaleur trop vive du réchaud ou à une vapeur trop brûlante.

Procédé pour laver la flanelle sans qu'elle jaunisse. — Pour 2 litres d'eau de savon légère, on prend deux cuillerées de farine qu'on y délaie; on met le tout dans un poêlon qu'on place sur le feu, en agitant constamment la composition, afin qu'elle ne forme pas de grumeaux, et qu'elle ne s'attache pas au fond du vase. Une partie de cette colle bouillante est répandue sur la flanelle; et, quand sa température permet de la toucher avec les mains, on en frotte l'étoffe comme on le pratique pour le savon; on rince ensuite la flanelle à l'eau claire; l'on y applique ensuite une nouvelle portion de colle bouillante. On renouvelle l'opération précédente, et on lave soigneusement à plusieurs eaux; par ce moyen la flanelle conserve sa blancheur, reste inodore et se trouve parfaitement nettoyée.

Si, au lieu de farine, on emploie les pommes de terre, on les fait cuire, on enlève la peau et l'on en fait, avec l'eau de savon, une pâte épaisse, on essange la flanelle dans l'eau chaude, et on la savonne ensuite avec cette pâte; on l'immerge ensuite dans l'eau bouillante; on la frotte soigneusement; on la lave à plusieurs eaux et on la fait sécher.

La gomme arabique, ou mieux la décoction de la racine de saponaire produit encore un meilleur effet; mais à notre avis, quel que soit le mode de lessivage de la flanelle, il est nécessaire de la passer au *soufroir* pour lui rendre toute sa blancheur et ses propriétés hygiéniques. Puis on la lave à l'eau de savon, et on la rince ensuite dans plusieurs eaux claires.

Blanchissage au moyen de son. — Pour cela, on fait bouillir une partie de son dans six parties d'eau, et on en forme une pâte avec laquelle on savonne le linge, qu'on a fait tremper auparavant dans de l'eau chaude pour ramollir les corps gras et leur donner plus d'affinité et d'aptitude à être enlevés ou absorbés par la pâte de son.

Le lessivage au son est employé principalement pour monter et rehausser le blanc et les couleurs des mouchoirs de batiste ou de soie, qui portent des vignettes d'entourage imprimées en couleurs. Dans ce cas, on fait bouillir le son dans une quantité d'eau suffisante pour que le bain soit très liquide; puis on y plonge et travaille les mouchoirs pendant quelque temps; ensuite on les lave dans de l'eau claire.

Quant au mode de blanchir les vêtements, les tissus et autres objets de toilette, qui sont teints, imprimés et confectionnés, il appartient plutôt à l'art du dégraisseur, que nous traitons plus loin.

REPASSAGE ET CALANDRAGE DU LINGE.

En France, on repasse généralement le linge avec des fers chauds de diverses formes: aussi arrive-t-il fréquemment que, par la négligence des repasseuses, le linge est roussi et même brûlé. Mais on peut se servir avec plus de sûreté et d'économie, pour le repassage du linge uni, tel que les draps de lit, les serviettes, les mouchoirs, les rideaux, etc., d'un appareil fort simple, que les Anglais nomment *mangle* ou *calander* et qui opère très promptement et à froid. Voici la manière d'opérer: après avoir humecté légèrement le linge, on le divise par moitié et on enroule chaque moitié, le plus exactement possible, autour de deux cylindres en bois de hêtre, on les recouvre avec une toile roulée en plusieurs doubles et cousue. L'on place ces deux rouleaux, ainsi chargés, sur un plancher horizontal, fixe, fait en madrier très solide, et dont la surface est unie au rabot. Puis, on roule par-dessus les rouleaux une caisse qu'on a remplie de pierres ou d'autres poids d'environ 1,000 kil., de manière qu'elle exerce une pression sur chacun d'eux. Ensuite, on fait aller et venir la caisse au moyen de cordes ou de chaînes en fer attachées aux extrémités opposées, et qui aboutissent, en sens contraire, sur la circonférence d'un cylindre qu'on fait mouvoir à l'aide d'engrenages et d'une manivelle.

L'effet de cette machine est facile à concevoir: la pesanteur de la caisse exerce une forte pression qui aplatit les fils du linge, les unit et les lustre au bout d'un petit nombre d'allées et de venues de la caisse. Or, la pression a d'autant plus d'effet qu'elle a lieu successivement sur tous les points des deux rouleaux, et par conséquent sur le linge qui est enroulé dessus.

Les Anglais emploient une autre espèce de *mangle* qui est beaucoup plus simple et plus économique. Il consiste en deux rouleaux en bois dur, posés parallèlement l'un au-dessus de l'autre; les axes de ces rouleaux glissent dans deux montants perpendiculaires et sont pressés au moyen de vis en fer.

Le repassage consiste à faire passer le linge un peu humide entre les deux rouleaux qu'on approche et écarte, suivant la nature du linge, au moyen des vis qui pressent les axes. La pression que ces rouleaux exercent sur le linge lui donne le lustre convenable. Ce procédé a, en outre, l'avantage de ne point détériorer le linge par le frottement et par la brûlure, comme le fait le fer chaud à repasser.

On se sert encore, pour repasser et lustrer le linge, d'une roulette en verre, appelée *glaçoir*, qu'on promène et frotte dessus, ce qui écrase et aplatit les fils (voy. page 12, 4e colonne).

Généralement le linge de toilette, les bonnets, les cols, les manchettes, les dentelles, etc., sont apprêtés ou *empesés* avec un encollage composé comme il suit:

RECETTE POUR FAIRE L'ENCOLLAGE OU EMPOIS POUR APPRÊTER OU EMPESER LE LINGE DE TOILETTE.

On fait bouillir de l'eau dans un vase de cuivre étamé et très propre (dans un vase de terre, ou quand le vase de cuivre est mal propre, l'encollage s'attache au fond). Puis, on délaie à part, dans un vase quelconque, et à froid, la quantité de 30 grammes d'amidon pour un litre d'eau qu'on fait bouillir.

Lorsque l'amidon est bien délayé et que l'eau a bouilli vivement, on y jette l'amidon, en remuant sans cesse et doucement pendant dix minutes environ; on reconnaît que l'amidon est bien cuit lorsque les bulles d'air qui crèvent à sa surface ne se reproduisent pas; alors l'empois prend une teinte diaphane. On y jette aussitôt 10 grammes de cire blanche, qui a pour effet d'empêcher l'empois de s'attacher aux fers à repasser. Cela fait, on verse l'empois dans un autre vase propre où on le laisse refroidir.

Avant d'employer cet empois à froid, on le délaie avec un peu d'eau froide et on le passe au travers d'un linge fin et serré, dont on tord les bouts en sens contraire. Cette opération a pour effet d'enlever les matières étrangères et grossières que contient l'amidon, et principalement la pellicule qui recouvre sa surface, lorsqu'il est refroidi; autrement ces matières, étant mises sur le linge, s'attacheraient aux fers lorsqu'on le repasse, et souvent elles occasionneraient des déchirures.

Quelques personnes, pour opérer plus vite, empèsent tout simplement le linge avec de l'amidon qui n'est pas cuit; cette pratique détériore le linge, parce qu'il faut, dans ce cas, le repasser étant très mouillé. Dans ce cas, le fer à repasser ne glisse pas facilement dessus. Le linge prend alors des inégalités ou *faux plis* qu'on est obligé de remettre et de redresser; mais le plus souvent, malgré les soins et les précautions qu'on prend pour amener cette opération à bien, le linge se déchire.

Pour conserver l'amidon et lui donner plus de limpidité et de *coulant*, on y ajoute 10 grammes d'alun par litre d'eau lorsque celle-ci est en ébullition.

Pour apprêter ou empeser le linge, on le trempe dans l'encollage que nous venons de décrire, après l'avoir rendu liquide en y ajoutant la quantité d'eau suffisante; on presse le linge ainsi empesé dans une serviette pour en extraire l'empois superflu, et on le repasse lorsqu'il est encore un peu humide.

Si, par une cause quelconque, les pièces empesées sont sèches avant d'avoir été repassées, il suffit de les mouiller également avec de l'eau claire, et le repassage peut avoir lieu sans aucun inconvénient.

MOYENS CONNUS D'ENLEVER LES TACHES [1] SUR TOUTE ESPÈCE D'ÉTOFFES.

Manière de remettre partiellement l'apprêt et le lustre des

[1] La plupart de ces moyens sont extraits des ouvrages sur l'art du dégrais-

étoffes de laine ou de soie altérées par des gouttes d'eau. — Toutes les fois qu'on ne peut repasser l'étoffe à l'aide du *mangle*, de la calandre, ou de toute autre machine à apprêter, on la tend sur une table, en l'attachant avec des épingles, de manière à ne pas l'embarrasser; on mouille légèrement l'endroit délustré, avec une petite éponge imbibée d'eau claire; puis, on met une feuille de papier sur un fer à repasser chaud, excepté à l'endroit réservé, et l'on repasse la tache. Si la tache est fort petite on se borne à faire chauffer le bout d'un fer à gaufrer ou à papilloter, et on le pose perpendiculairement sur l'endroit mouillé.

Les papiers cirés ou taches produites, à l'eau, etc., s'enlèvent en roulant l'étoffe avec soin et en faisant le moins de plis possible, dans un linge de calicot blanc, légèrement mouillé, et l'exposant ainsi pendant douze ou vingt-quatre heures dans un endroit humide. Les étoffes de soie principalement sont rétablies à l'aide de ce moyen, mais il faut les repasser et les apprêter, afin de leur donner un peu de fermeté.

Il est bon, toutefois, de ne pas attendre trop longtemps pour procéder à cette opération; car la piqûre finit par altérer la couleur et même l'étoffe; dans ce dernier cas, il n'y a plus de remède au mal. L'ammoniaque liquide étendue avec de l'eau enlève aussi les piqûres sur les étoffes de soie, mais il faut l'employer avec précaution et promptement, pour ne pas altérer la couleur.

Les taches de cidre, d'herbe, de bière, de cidre, de poire, de suc de framboises, de fraises, de cerises, de groseilles, sur les étoffes non teintes, disparaissent complètement par un lavage à l'eau de savon; mais, pour détruire les dernières taches sur les étoffes teintes, on mélange, dans un verre d'eau, dix à douze gouttes d'acide sulfurique, on les imbibe au moyen de quelques gouttes qu'on y répand avec le doigt ou un pinceau. Après cela, on lave bien les taches avec de l'eau pour enlever tout l'acide, qui, malgré sa faiblesse, pourrait produire une altération sur les étoffes teintes.

Taches de liqueurs. — On commence par rafraîchir la tache, autant que possible, par la même liqueur qui l'a produite, et, aussitôt cette opération faite, on imbibe la tache avec de l'eau pure, on frotte légèrement et avec soin, si elle résiste, on emploie un lavage à l'alcool.

Sur des tissus de laine blancs, les taches de liqueurs disparaissent complètement en employant successivement un lavage à l'eau de savon et le soufrage.

Taches de café et de chocolat. — Le café et le chocolat, préparés au lait, forment des taches très apparentes et plus faciles à enlever que lorsqu'ils sont préparés à l'eau. Le lavage à l'eau d'abord, et ensuite au savon, suffit pour les faire disparaître; mais le savon peut altérer les couleurs des étoffes et les étoffes elles-mêmes (1). Pour agir avec prudence, on se sert du jaune d'œuf que l'on délaie avec un peu d'eau chaude. On emploie cette composition comme un savonnage. Si les taches résistaient à plusieurs lavages, on pourrait y ajouter quelques gouttes d'alcool en frottant légèrement avec un pinceau en poils de sanglier coupés courts.

Taches d'encre sur les étoffes teintes ou imprimées. — Aussitôt que les taches d'encre sont produites, on peut les enlever en les lavant avec de l'eau et en les savonnant ensuite.

Le lavage à l'eau entraîne les substances végétales qui entrent dans la composition de l'encre (voy. *Encre*). On enlève ensuite la rouille ou *l'oxyde de fer*, qui forme l'empreinte de la tache, en la mouillant avec de l'acide sulfurique ou hydrochlorique très affaibli par l'eau. On met l'eau acidulée avec un pinceau, ou avec un morceau de papier roulé, ou mieux avec une petite pipette en verre. Quand les taches sont anciennes, il faut que l'acide soit plus fort.

On enlève aussi les taches d'encre sur les étoffes blanches de linge de coton à l'aide du sel d'oseille (bioxalate de potasse), en poudre et mêlé avec une partie d'étain pur, réduit en copeaux minces au moyen d'un couteau, ou avec de l'acide oxalique, ou avec du chlorure de potasse ou eau de javelle.

Taches de rouille. — On les fait disparaître de dessus les étoffes non teintes au moyen des mêmes réactifs employés pour enlever l'encre; mais il est des étoffes teintes de dessus lesquelles la tache de rouille est fort difficile à enlever à cause de l'altérabilité de la couleur, et il vaut mieux, dans ce cas, y renoncer que d'altérer la couleur.

On peut encore employer la crème de tartre (bitartrate de potasse), qui attaque bien moins les couleurs que les acides oxalique et hydrochlorique; mais il a l'inconvénient de ne pas agir avec autant de promptitude.

Voici la manière de l'employer :

On la réduit en poudre très fine, que l'on applique sur la tache, et on l'humecte ensuite avec un peu d'eau pour lui donner de l'action sur la tache. On laisse agir pendant huit à dix minutes, puis on frotte doucement la tache entre les mains pour faire disparaître la crème de tartre, et on la lave avec soin.

Taches d'huile, de graisse, de suif, de cambouis, de cire, de peinture, de goudron, de bougie, de bouillon et autres corps gras. — Toutes les taches graisseuses et huileuses n'exigent pour disparaître que le même traitement : l'essence de térébenthine pure et sans aucun mélange, soit d'alcool, soit d'eau. Il faut imbiber la tache d'essence de térébenthine (2), en la frottant légèrement avec une éponge pour la faire décomposer; puis on l'imbibe de nouveau avec de la même essence, et on la couvre aussitôt avec de la cendre tamisée ou de la terre de pipe en poudre, qui absorbe le corps gras contenu dans l'essence. On écrase ainsi d'avance un cercle autour de la tache. Après dix minutes ou un quart d'heure, on enlève la terre absorbante, on donne un coup de brosse, et la tache a disparu entièrement. Si la terre absorbante laissait une teinte blanche ou grisâtre sur l'étoffe après l'opération, on pourrait facilement la faire disparaître en frottant dessus avec de la mie de pain.

Quand on redoute l'odeur de l'essence pour enlever les taches de graisse, on lui substitue l'alcool rectifié, [illegible] chaud. Du reste, on peut toujours faire disparaître la mauvaise odeur de l'essence de térébenthine en mouillant l'étoffe avec de l'eau mêlée avec de l'alcool ou avec de l'alcool seul.

Les taches de résine, de poix, de cire, de bougie stéarique s'enlèvent parfaitement avec de l'alcool rectifié; on les pénètre bien avec cette liqueur, qu'on met avec une éponge fine; ensuite on frotte la tache avec soin.

A défaut d'alcool, on peut employer de l'essence de térébenthine, de lavande, de citron, de l'eau de cologne ou de l'eau-de-vie forte.

Taches de [illegible] que le lavage à l'eau ne suffit pas pour enlever. — Le jaune d'œuf, appliqué sur une tache de cette espèce, enlève généralement jusqu'à la moindre trace; si, après quelques légers frottemens suivis de rinçages à l'eau claire, la tache résistait, on pourrait employer la crème de tartre réduite en poudre et la laisser agir pendant quelque temps après l'avoir humectée d'eau.

Taches d'urine. — Il est essentiel de les enlever de suite et aussitôt qu'on s'en aperçoit, et le meilleur réactif qu'on puisse employer est l'ammoniaque (alcali volatil), étendu d'eau. Quand l'urine a vieilli sur l'étoffe, et l'emploi de l'ammoniaque ne réussit pas pour enlever entièrement la tache, on fait dissoudre un peu d'acide oxalique dans un vase avec de l'eau en quantité suffisante pour affaiblir son action destructive. On rince bien la tache, et on fait agir l'acide oxalique étendu d'eau, que l'on instille sur la tache au moyen d'une pipette en verre ou d'un petit bâton de jonc (3). Il est bien entendu qu'on n'emploie l'acide oxalique que sur les tissus non teints.

Les taches de sueur peuvent être enlevées sur quelque étoffe que ce soit, à l'aide de l'ammoniaque étendu d'eau.

Sur une étoffe teinte en écarlate à la cochenille, elles disparaissent instantanément par l'application du sel d'étain dissous dans une grande quantité d'eau.

Taches de suie et de la poussière de tuyaux de poêle. — D'abord on imbibe les taches avec de l'essence de térébenthine et on les frotte légèrement. Ensuite on fait un mélange de cette même essence avec un jaune d'œuf, qu'on fait chauffer à la température de l'eau tiède. On le fait agir sur les taches à diverses reprises, en frottant légèrement jusqu'à ce que les opérations répétées ne produisent plus d'effet. Si les taches ne sont pas parfaitement disparues après ces deux traitemens, on agit sur elles, lorsqu'elles sont sur des étoffes teintes, au moyen de l'acide hydrochlorique très étendu d'eau, et par l'acide oxalique ou la crème de tartre sur des étoffes blanches.

PRÉCAUTIONS A PRENDRE AVANT DE COMMENCER A ENLEVER LES TACHES.

On doit toujours commencer par examiner la nature de la tache, l'espèce d'étoffe sur laquelle elle se trouve, la solidité ou l'altérabilité des couleurs qui y sont posées, afin de choisir l'agent à employer.

Premièrement. On éprouve la nature des taches qu'on veut enlever en n'employant, toutefois, que les agens qui ne peuvent point altérer l'étoffe qui les reçoit, et dont on connaît la matière qui les constitue; mais, avant d'attaquer les taches, on essaie l'effet des réactifs sur une petite partie de l'étoffe, afin de connaître le degré de solidité et d'altérabilité de la couleur.

La solidité ou la non-solidité des couleurs étant connues, on choisit le réactif le plus convenable pour opérer l'enlevage des taches sans craindre d'altérer les couleurs du tissu. Cependant, nous le répétons, tous les réactifs, à l'exception de l'essence de térébenthine et de l'alcool, doivent être modifiés et mélangés avec une certaine quantité d'eau, que l'on augmente encore suivant l'altérabilité et la délicatesse des couleurs.

Secondement. On bat l'étoffe avec une baguette et on la brosse, si c'est une étoffe de laine, avec la plus grande attention pour ôter toute la poussière.

Troisièmement. Enfin, on marque toutes les taches avec de la craie pour les reconnaître. Cela fait, on commence à enlever les taches comme nous l'avons dit ci-dessus.

NETTOYAGE DES ÉTOFFES DE COTON, DE LIN ET DE CHANVRE, BLANCHES OU DE BON TEINT.

Elles se nettoient tout simplement, après avoir enlevé les taches, dans un bain faible de savon, que l'on tient à une

(1) [illegible] par Chaptal, Homassel, Dambourney, [illegible], Vergnaud, Vaymann, etc., nous nous y sommes ajouté des indications positives que l'expérience et la pratique nous ont suggérées.

(1) Le savon, ainsi que la soude, la potasse et toutes les alcalis fixes, attaquent certaines couleurs de teinture, la teinture et la base de la laine et de la soie elle-même. Par cette raison, le savon ne peut être employé convenablement que pour nettoyer les étoffes blanches de lin, de chanvre, ou de coton.

(2) On agit ainsi en tout cas sur l'étoffe sans la mouiller; autrement l'essence perdrait toute son énergie et sa propriété détersive.

(3) On le laisse agir un instant sur la tache avant de le frotter.

basse température ; on les y passe rapidement. Généralement on nettoie ainsi toutes les étoffes de coton, telles que les indiennes, les guingans et la mousseline imprimée. Puis on les passe, immédiatement après le savonnage, dans un bain d'eau de rivière, auquel on ajoute quelques pincées d'alun pulvérisé ou quelques gouttes d'acide acétique, citrique ou sulfurique, afin de neutraliser l'action du savon sur les couleurs ; ensuite on rince les étoffes à l'eau claire et on leur donne l'apprêt et le lustrage convenables (voyez *Apprêt* et *Lustrage*).

Les étoffes de laine (drap, casimir, flanelle, etc.) *de couleur bon teint et foncée.* — Quand les taches sont enlevées, on mouille d'abord l'étoffe partout également, puis on la frotte rapidement, dans le sens des poils, avec une brosse rude que l'on trempe dans du fiel de bœuf ou mieux dans l'ammoniaque liquide mélangé avec huit à douze parties d'eau. Lorsque l'étoffe a été bien brossée et bien nettoyée pendant un certain temps, on la rince à l'eau claire, pour enlever le fiel de bœuf, et on la laisse égoutter pour en extraire l'eau. Cela fait, il s'agit de donner à l'étoffe l'apprêt et le brillant du neuf. Pour le drap et le casimir, on fait bouillir, dans un pot de terre, de la graine de lin et un peu de bois d'Inde et rouge, ou du bleu soluble, ou du bois jaune, selon le principe de la couleur du drap, jusqu'à ce que la composition file comme le blanc d'œuf et soit colorée légèrement. On passe cette composition au travers d'un linge, pour en extraire toutes les impuretés ; et, avec une brosse demi-rude, on l'étend uniformément sur toutes les parties du drap et dans le sens de ses poils. Cette opération terminée, on étire le drap dans tous les sens, pour qu'il ne fasse pas de faux plis et qu'il soit en droit fil. On le fait sécher, et quand il est sec, on pose dessus un linge bien propre et mouillé avec de l'eau de savon. On le repasse avec un fer chaud. Alors le drap est lustré et apprêté à neuf, comme disent les dégraisseurs.

Lorsqu'un vêtement de laine est très malpropre ; qu'il est couvert en quelques endroits d'une crasse épaisse qui couvre la surface de l'étoffe, on le soumet à l'action de la vapeur d'eau, pour ramollir la crasse (voy. plus loin 4e col., § 2) et la disposer à se dissoudre plus facilement. Ensuite, il faut faire chauffer, à la température tiède, la composition qu'on se propose de faire agir sur l'étoffe, soit du fiel de bœuf, soit de l'ammoniaque liquide, soit du fiel de bœuf mêlé avec une égale quantité de jaunes d'œuf. On frotte cette composition sur l'étoffe avec une brosse dure.

Les draps de couleur écarlate se nettoient de même ; mais quand ils sont secs, ils prennent souvent des taches appelées *moures*, qui changent la couleur ; mais on la fait revenir à son état naturel en mouillant les endroits tachés soit avec de l'acide citrique, soit avec du jus de citron.

Les étoffes de couleur pourpre, cramoisie, violet, amaranthe, rose et généralement toutes les couleurs dans lesquelles il entre du bleu, sont bien nettoyées avec de l'ammoniaque mêlé avec de l'eau.

Les mérinos, les cachemires, les châles brodés en laine, et généralement tous les tissus légers, en laine fine et pure, ou mélangés de soie et de coton, quand ils ne sont pas trop crasseux, sont dégraissés tout simplement avec une décoction chaude de *saponaire* ; mais on les foule (1) et travaille longtemps et soigneusement ; on les rince ensuite dans de l'eau claire et *on les drape* (2). Enfin on les *calandre* à froid, ou on les presse fortement à l'aide de poids très pesants ou d'une machine spéciale, après les avoir pliés en plis doubles, entre lesquels on met des cartons lisses, etc.

On emploie aussi, pour nettoyer les étoffes de laine, une dissolution de savon à la température de l'eau tiède ; et, pour neutraliser l'effet du savon sur la laine et sur les couleurs, on ajoute une petite quantité de fiel de bœuf, ou, à son défaut, des jaunes d'œufs, et quelquefois même un peu d'alun en poudre, pour fixer les couleurs (principalement pour le bleu, le vert, le jaune et le brun) ; on lave de suite à l'eau claire. Cette composition alcaline doit être employée avec beaucoup de précaution et de promptitude ; autrement elle peut altérer les couleurs.

Les étoffes de soie (gros de Naples, florence, levantine, pékin), *les rubans* et généralement toutes les soieries légères unies ou brochées et de couleurs délicates, sont nettoyées à l'aide d'une éponge fine, avec une composition tiède formée de savon gras, de fiel de bœuf, de miel et d'alcool, à peu près par parties égales (cependant, moins de savon) et mollifiée par une suffisante quantité d'eau. Pour ne point briser et casser les étoffes, on les tend sur un châssis ou sur une table recouverte d'un drap ou d'une serge, et on les attache avec des épingles sur les lisières, pour les faire sécher, leur donner le lustre et le brillant. On apprête et on lustre aussi les étoffes de soies légères (voy. *Apprêt*).

Pour les étoffes brodées avec des couleurs nuancées, on emploie la même composition, avec moins de fiel de bœuf, qui ternit et verdit les couleurs claires ; de plus, on substitue au savon gras le jaune d'œuf, qui éclaircit au contraire les couleurs. L'alcool et le miel servent à fixer les couleurs et à conserver le brillant de la soie.

Lorsque les broderies renferment du cordonnet d'or, on ajoute à l'eau de rinçage quelques gouttes d'acide sulfurique pour conserver la couleur des fils qui sont sous les lames d'or ; ensuite on rend le brillant et l'éclat, à l'aide d'une solution de savon qu'on passe délicatement dessus, ou mieux à l'aide de l'esprit-de-vin rectifié, en frottant légèrement avec un petit pinceau dont les poils sont coupés courts. Ainsi on fait dissoudre de la poudre de savon dans de l'eau, de manière à en former une pâte épaisse. On passe cette pâte avec le pinceau sur le fil d'or et on la laisse sécher. Quand elle est sèche, on l'enlève en frottant avec le pinceau.

Les galons d'or et d'argent se traitent de même. Nous ferons observer en passant qu'il n'est pas toujours à propos, lorsque l'or est usé, de nettoyer les broderies et les galons. Ainsi, lorsque la couverture du fil d'or est usée dans quelques endroits, et rouge par l'usage et par le contact de l'air, de manière qu'on voit le fil de coton qui est dessous, dans ce cas, on ferait tort à l'objet en enlevant la salissure, parce que le galon et le fil d'or deviendraient moins semblables à de l'or.

Les galons, les cordonnets d'argent, et le fil qui est dessous, ayant contracté par l'usage une salissure jaunâtre, peuvent être nettoyés au moyen de la pâte de savon ; puis quand ils sont secs et brossés, la couleur jaune et pâle de l'argent est très propre à figurer à côté de l'or.

En général, tous les objets de broderie demandent à être repassés et apprêtés encore humides, à l'envers, avec un fer chaud, sur une couverture de laine très épaisse ou pliée en double, afin de donner plus de relief au dessin. Le repassage, comme à l'ordinaire, aplatirait et écraserait la broderie.

Les voiles de gaze, de blonde et les satins blancs sont trempés et macérés ordinairement, sans les tordre ni les presser, dans un bain de savon faible et froid, on les passe rapidement deux ou trois fois à plusieurs reprises dans un bain de savon blanc un peu plus fort et très chaud. Puis on les soumet au soufrage ; ensuite on les rince à l'eau colorée par une dissolution de carmin, d'indigo et de cochenille pour les azurer. On les presse dans une toile en en tordant les deux bouts, pour en extraire le superflu, et on les fait sécher, après les avoir étendus et attachés sur un tapis, comme les dentelles.

On nettoie aussi le satin blanc au moyen de la craie que l'on réduit en poudre très fine. Pour cela, on étend et attache l'étoffe sur une table recouverte d'une couverture avec des épingles. On saupoudre l'étoffe avec la craie à mesure qu'on la nettoie en la frottant avec une brosse de laine, et, avec de la mie chaude qu'on promène dessus, on donne à l'étoffe du brillant et de la fraîcheur.

Le crêpe noir est nettoyé avec du fiel de bœuf, du jaune d'œuf et de l'eau mêlés ensemble et qu'on porte à la température tiède.

Dégraissage du velours et moyen d'en relever les poils lorsqu'ils sont couchés. — On dégraisse le velours de soie comme une étoffe de soie unie ; seulement, lorsque la crasse qui le recouvre est très considérable, on le frotte rudement avec un linge enduit de beurre ou d'huile d'olive, ou mieux d'ammoniaque liquide, et on enlève ensuite le beurre avec de l'essence de térébenthine, comme il est dit ci-dessus.

Pour redresser les poils du velours qui ont été couchés, soit par les corps gras, soit par l'eau ou le frottement, on applique l'envers du velours sur une plaque de cuivre trouée comme une écumoire ; on l'expose ainsi au-dessus d'un vase rempli d'eau que l'on fait bouillir. La vapeur d'eau qui se produit par l'ébullition traverse le velours et relève les poils qu'on brosse en même temps avec une brosse de chiendent. A défaut d'une plaque de cuivre trouée, on peut attacher le velours avec des épingles sur un gros canevas tendu sur un métier à broder, comme celui représenté planche 2, fig. 15.

Quelques dégraisseurs mettent tout simplement un linge mouillé sur une plaque de fer bien chauffée, et le velours par-dessus. La chaleur de la plaque vaporise l'eau contenue dans la serviette, et le résultat est le même, quoique plus lent.

Gants de peau de chevreau et d'agneau. — Le plus généralement on les nettoie avec une composition liquide de lait et de carbonate de soude qu'on étend avec une éponge ou un linge fin, mais nous indiquons le moyen suivant comme étant le meilleur :

On mouille un morceau de flanelle qui n'est pas trop claire et on le trempe légèrement dans du savon en poudre. On monte les gants sur des formes, ou bien on passe un bâton successivement dans chaque doigt qu'on frotte avec la flanelle qui retient de la poudre de savon.

La saleté du gant s'attache à la flanelle qu'on renouvelle au besoin. On donne le lustre à la peau au moyen de la poudre de talc ou craie de Briançon.

Chapeaux de paille d'Italie non coupée. — Enlevez d'abord la coiffe et tous les ornements du chapeau. Lorsqu'ils sont piqués par suite de l'humidité, on les fait tremper pendant deux ou trois heures dans une eau acidulée, soit par l'acide oxalique, soit par le sel d'oseille ou l'acide hydrochlorique (ce dernier est inférieur). On peut aussi les nettoyer avec une légère dissolution d'eau de javelle ou de jus de citron.

On place la toque au fond du chapeau sur des formes en bois faites exprès, comme celles dont se servent les chapeliers, on pose le *plateau* ou *devant* à plat sur une table et on le frotte partout avec une éponge imprégnée d'une légère dissolution de potasse ; puis on repasse le chapeau dans l'eau acidulée, en frottant avec une éponge pour détruire la teinte jaune de la paille ; ensuite on la trempe dans un bain de savon, on le lave et on l'expose au soufrage. Enfin, on le lave à l'eau claire et on le fait sécher.

(1) Dans le langage du dégraisseur, on dit *fouler une étoffe* quand on la tortille et presse sur une planche cannelée en lignes droites afin d'enlever facilement les salissures.

(2) *Draper*, c'est envelopper l'étoffe dans un linge avec lequel on la presse en tordant.

[illegible]

On redresse de la même manière les plumes qui ont été froncées par l'usage ou par l'humidité. Au besoin, lorsque les plumes sont sèches, on redresse chaque brin mal placé avec un poinçon.

[illegible]VOYAGE, APPRÊT ET LUSTRAGE DES ÉTOFFES.

Par une conséquence naturelle et physique, les ingrédiens [illegible]

[illegible]

Les couleurs grises renaissent aussi avec la cendre, mais il convient parfois d'y appliquer une décoction de bois d'Inde avec un pinceau.

L'alcali volatil rehausse le noir, le bleu, le marron, le puce, le carmélite, etc.

L'acide citrique peut être employé pour rehausser certains verts, les roses et le jaune sur soie.

L'*apprêt* a pour but de rendre aux étoffes la souplesse et le *lustre* ou *luisant* qu'elles ont perdu par l'usage et le frottement qu'on leur fait subir en les nettoyant.

Si c'est à une étoffe de soie qu'on veut rendre le lustre, on trempe une brosse dans une dissolution très légère d'eau gommée et de fiel de bœuf. On répand la dissolution sous [illegible]

[illegible]

égale à celle de la molette en verre, de manière que celle-ci peut aller et venir sans se déranger.

Le frottement, ou plutôt la pression de la molette, aplatit les fils, et donne ainsi le lustre à l'étoffe en rendant la surface plus unie.

Quoique ce moyen de lustrage soit un peu long à obtenir, il est d'un bon usage, surtout pour apprêter les robes faites et garnies.

Voilà la manière d'opérer :

D'abord, on prépare la robe en la frottant avec un morceau de cire blanche ou jaune, si la couleur le permet. On passe la cire également et légèrement sur toutes les parties de la robe.

Puis, on lève la rainure dont nous avons parlé plus haut et on la passe dans la manche de la robe ; on fixe les deux extrémités de cette rainure au moyen de broches en fer, qui entrent dans la table.

On lustre d'abord le haut de la manche en frottant la molette de haut en bas et de bas en haut ; puis, on continue de la lustrer en la faisant tourner autour de la rainure. On a soin surtout de ne pas passer plus de deux fois sur chaque endroit. Il faut aussi faire attention qu'il ne se trouve pas de grains de sable ou de gravier entre l'étoffe et la molette du glaçoir, parce que l'étoffe, en frottant, pourrait être coupée.

L'on opère ainsi sur l'autre manche, puis sur le corsage de la robe jusqu'à la ceinture; ensuite, on lustre la jupe en commençant par le haut, et faisant tourner l'étoffe à chaque instant ; et, pour ne pas trop se fatiguer et lustrer plus facilement, on ne fait à la fois qu'une petite longueur de 30 à 35 centimètres. Lorsque l'étoffe est bien glacée partout, on la repasse avec un fer chaud pour bien l'unir et pour ternir un peu le lustre, lorsqu'il est trop brillant.

NETTOYAGE DE L'ARGENTERIE, DES BIJOUX, DES BRODERIES, DES LIVRES, ETC.

Lorsque la surface de l'argenterie est ternie par la poussière et les différens corps que charrie l'air, un peu de blanc délayé dans de l'eau, appliqué et frotté avec une brosse ou une éponge, suffit pour lui rendre son premier éclat. Si elle est ternie par quelque corps gras ou par les acides faibles, l'eau de savon tiède la nettoie plus promptement et plus efficacement que le blanc d'Espagne. Lorsqu'elle est tout-à-fait noircie par une cause quelconque, soit par la vapeur de charbon, soit par l'action du feu, soit par les exhalaisons des gaz, on la nettoie avec la poudre suivante que l'on peut faire chez soi.

Poudre pour nettoyer l'argenterie. — Crême de tartre en poudre fine, 62 grammes ; carbonate de chaux (blanc d'Espagne en poudre fine), 62 grammes; alun en poudre fine, 31 grammes.

On mêle ensemble ces trois substances et on en forme un mélange homogène.

Lorsqu'on veut s'en servir, on frotte l'argenterie avec ce mélange délayé avec une petite quantité d'eau et en se servant d'un linge doux. L'argenterie prend alors un brillant égal à celui de l'argenterie neuve. On la lave ensuite et on l'essuie avec soin.

Nettoyage des théières et des couverts en métal anglais. — On prend : une petite quantité de *terre pourrie*, ou de rouge *d'Angleterre* en poudre ; on mêle l'un de ces produits avec de l'huile, on en met une petite quantité sur la théière à nettoyer, puis on frotte fortement avec une pièce de drap ou de flanelle, continuant jusqu'à ce que le métal soit devenu brillant. Lorsqu'on est arrivé à ce point, on lave le vase avec de l'eau de savon chaude, on essuie avec un linge fin, on passe ensuite au blanc d'Espagne que l'on enlève avec un morceau de peau qui sert aussi à polir le métal.

Moyen de nettoyer les bijoux en or, et de leur rendre le brillant. — On les fait bouillir dans un vase de cuivre non étamé soit avec une solution de savon, soit avec une lessive de potasse, de soude, ou d'ammoniaque liquide, soit avec de l'eau qui contienne 32 grammes de sel ammoniac par litre d'eau.

L'alcool rectifié sert aussi, et préférablement, à nettoyer les bijoux. On l'emploie avec un pinceau en frottant la pièce légèrement.

Les prétendues poudres à nettoyer rayent et usent l'or. Il faut donc les mettre de côté.

Procédé pour nettoyer les cadres dorés. — Prenez : blanc d'œuf, 93 grammes; eau de javelle, 31 grammes; battez le tout ensemble et lavez légèrement les cadres avec une éponge trempée dans ce mélange, auquel vous ajoutez une quantité d'eau suffisante. La dorure reprend immédiatement sa vivacité. Cette opération peut se répéter plusieurs fois avec succès sur la même dorure, chose difficile à obtenir par l'ancien procédé. Lorsque le cadre a été remis à neuf, il faut lui donner une nouvelle couche de vernis, dont se servent les doreurs sur bois.

Le nettoyage des ustensiles de faïence ou de porcelaine s'exécute le plus ordinairement avec de l'eau pure et de l'eau de savon; mais quand ce lavage est insuffisant pour opérer un nettoyage parfait, on emploie du vinaigre fort. Le sel d'oseille et l'acide hydrochlorique étendu d'eau produisent les mêmes effets.

Nettoyage des marbres polis, des statues, des dalles et des vieux murs en pierre. — L'on peut, dans quelques cas, nettoyer les marbres, les statues et les dalles qui n'ont pas été exposés à l'air en les lavant d'abord avec de l'eau de potasse, puis une deuxième fois avec de l'eau ordinaire, enfin une troisième fois avec de l'eau chlorurée (chlorure de chaux).

Pour le nettoyage des dalles et murs humides exposés à l'air, on procède de la manière suivante : on enlève d'abord, à l'aide d'un balai, la poussière qui couvre le mur qu'on veut nettoyer; on le mouille abondamment avec une éponge, en ayant soin d'aller de haut en bas, afin de ne point noircir la partie qui aurait déjà été nettoyée. Lorsque la pierre est bien mouillée, on passe sur toutes ses parties une brosse en crin, en appuyant fortement. Lorsqu'on a bien frotté, on y passe de nouveau, à l'aide de l'éponge, de l'eau qui entraîne les parties noirâtres ; on lave ensuite avec de l'eau aiguisée d'acide hydrochlorique, dans la proportion de 375 grammes d'acide hydrochlorique du commerce pour 12 litres d'eau ; on brosse de nouveau et on lave à grande eau.

Nettoyage des murs recrépis en plâtre et noircis par le temps. — On lave les murs avec une éponge, on enlève avec une brosse et par le frottement la couleur noire ou verte ; on lave à l'eau pure, puis à l'eau aiguisée d'acide sulfurique; on termine par un dernier lavage à l'eau simple. A l'aide de ce procédé, un mur humide, noir et vert, reprend toute sa blancheur.

Si la statue, le marbre ou les dalles sont couverts de matières grasses, on les lave d'abord avec de l'eau, puis avec de l'eau de potasse (250 grammes de potasse pour 8 litres d'eau); on procède ensuite à un troisième lavage avec de l'eau aiguisée d'acide hydrochlorique (190 grammes d'acide pour 12 litres d'eau).

Nettoyage des glaces, verres et cristaux. — Il s'exécute presque toujours avec de l'eau pure et froide, puis on essuie les objets avec un linge propre et sec. Mais le simple lavage à l'eau n'est pas suffisant pour rétablir l'éclat des glaces ternies par le temps, l'humidité ou par toute autre cause. Dans ce cas, on les nettoie, soit avec de l'alcool ou de l'eau-de-vie forte, soit avec du blanc d'Espagne délayé avec du vinaigre étendu d'eau. On applique cette composition avec une éponge et l'on frotte ensuite avec un ou plusieurs linges fins, et qui ne sont pas usés. On ne se sert pas de brosses, parce que les crins pourraient rayer la glace ; on rejette le vieux linge parce qu'il dépose sur la glace un duvet qu'il est toujours difficile d'enlever parfaitement.

Poudre d'Origny pour nettoyer les meubles. — Elle est composée de blanc d'Espagne, de cendres de bois tamisées et de potasse par portions égales. Elle s'emploie pour enlever les taches de graisse, d'huile et même d'encre sur un meuble. On la frotte dessus, lorsqu'elle est mouillée, avec un tampon de flanelle ou un pinceau court.

Recette pour enlever les taches d'encre sur l'acajou et les bois indigènes. — L'on passe sur les taches un bec de plume ou un pinceau légèrement imbibé de jus de citron (l'eau de javelle et l'acide hydrochlorique étendu produisent le même effet); on frotte aussitôt et très vivement avec un linge mouillé. Si la tache ne disparaît pas, on recommence l'opération.

Lorsque la tache est enlevée, on vernit le meuble, si cela est nécessaire; et, dans ce cas, on a recours à un ouvrier ébéniste qui connaît la manière d'employer le vernis. On peut cependant se passer d'un ébéniste en faisant cirer le meuble chez soi avec de l'encaustique à l'essence. Quoique cette encaustique se vende à Paris chez les marchands de couleurs à un prix très modique, nous donnons deux recettes faciles à faire, et que nous empruntons au *Dictionnaire des arts et manufactures.*

Encaustique ou pommade de cire à l'essence. — Faites fondre dans une bassine en cuivre bien propre 500 grammes de cire jaune; lorsqu'elle est bouillante, retirez la bassine et ajoutez-y peu à peu, en mélangeant sans cesse, 1 kilogramme d'essence de térébenthine que vous avez fait tiédir à part. Vous devez continuer d'agiter la masse jusqu'à entier refroidissement.

Remarques. En suivant cette méthode, en fondant la cire à part, en y ajoutant hors et loin du feu l'essence tiède on évite toute chance du feu. Cette encaustique s'étend facilement et uniformément sur la surface des corps avec un linge en frottant vivement et partout. L'essence pénètre le bois, donne de la fixité à la cire, et le brillant qui résulte du simple frottement avec un chiffon est comparable à celui du vernis. Après sa complète évaporation, l'essence, si elle est pure, laissera la cire dans son état de dureté normale ; et le cirage sera aussi solide que s'il avait été fait avec la cire naturelle.

L'encaustique ci-dessus est d'un jaune peu intense. Veut-on l'obtenir rouge, au lieu d'essence de térébenthine pure il faut employer de l'essence dans laquelle on aura mis la veille digérer à froid 30 grammes d'orcanette par kilogramme d'essence, et dont le lendemain on aura séparé l'orcanette en la filtrant au travers d'une toile serrée. Avec le rocou on produit la couleur jaune-orange.

Deuxième recette due à M. Tripier-Devaux, pharmacien.

C'est la même chose pour les proportions que la recette ci-dessus ; la seule différence consiste en ce qu'on emploie, au lieu de cire naturelle, une cire dure composé ainsi qu'il suit :

Vous mettez un kilogramme de cire jaune pure dans une bassine, vous la faites fondre sur le feu. Quand la cire est fondue, vous y ajoutez 120 grammes de litharge en poudre, vous mélangez avec une spatule pour empêcher la litharge de rester au fond, et vous remuez souvent ; vous conduisez le feu très faiblement pour donner tout le temps à la litharge de réagir sur la cire. Lorsque la cire a pris une couleur marron, et qu'une goutte de cire que vous faites tomber sur une assiette est arrivée au point de s'écraser en poussière sous l'emploi, la cire est assez cuite. Vous ôtez la bassine de dessus le feu et vous la laissez refroidir; le lendemain vous séparez de la cire le culot composé de litharge revivifiée, et c'est avec 500 grammes de cette cire et 1 kilogramme d'essence que vous composez votre encaustique.

Suivant le témoignage de M. Tripier, cette recette, qu'il pratique depuis long-temps, lui a toujours réussi, et l'encaustique qui en résulte a [illegible] par sa solidité et l'éclat d'un bon vernis à l'alcool, sans en avoir les inconvéniens.

Si le meuble est en [illegible], on frotte celui-ci d'abord [illegible] avant qu'on mette l'encaustique.

Vernis pour meubles [illegible]. — Mêlez ensemble de l'alcool, de la potasse et de l'essence de térébenthine par parties égales. Ajoutez au mélange une petite quantité de cire blanche, et remuez le tout avec un morceau de bois.

Vous étendez cette composition sur le meuble avec une éponge fine, et vous frottez avec un morceau de flanelle ou de [illegible].

Cirage [illegible] pour [illegible] l'appartement, par M. Paffe, [illegible]. — On fait fondre au bain-marie, jusqu'à l'ébullition, un demi-kilogramme de cire dans un demi-litre d'eau.

On y jette dans cet état 125 grammes de potasse fondue dans 150 grammes d'eau bouillante;

50 grammes de savon vert;

10 grammes d'esprit d'olive ou 35 grammes d'eau de Cologne. On remue le mélange bien doucement pendant un quart d'heure, on le laisse ensuite refroidir pendant vingt-quatre heures.

On ajoute alors 32 grammes de rouge de Prusse fin. Colcothar, ou mieux de l'ocre rouge; on délaie le tout ensemble, et l'on y verse deux litres et demi d'eau quand il s'agit de l'employer sur un parquet neuf; dans les autres cas, on y verse la quantité d'eau nécessaire pour lui donner la fluidité qu'on désire.

« Ce cirage remplace avantageusement la cire à frotter, dit l'auteur. On l'étend sur le meuble ou sur le parquet avec un petit pinceau, on frotte ensuite, comme quand on emploie la cire; mais on a beaucoup moins de peine à cause de sa fluidité. On passe ensuite un torchon et l'on obtient un lustre brillant. »

« Quand un appartement est trop sale ou quand le parquet n'a pas encore été frotté, il faut prendre une bouteille de cirage et la délayer dans deux bouteilles d'eau; on étale le cirage ainsi étendu d'eau avec un balai, de manière que la pièce soit mouillée partout; un quart d'heure après on repasse le balai comme pour balayer; et une demi-heure après on frotte avec la brosse, et l'on obtient le brillant.

« L'on agit de même sur les carreaux quand la couleur est encore bonne.

« Ce cirage peut remplacer l'encaustique pour donner du brillant aux bois indigènes ou exotiques, aux laques de Chine, peints ou vernis, même à la toile cirée, vernie, servant de tapis, et pour le marbre.

« Il n'a pas l'inconvénient de l'odeur de l'essence de térébenthine qui entre dans la composition de l'encaustique, et qui porte à la tête et incommode souvent.

« S'il devenait trop épais, on lui rendrait sa fluidité en y ajoutant de l'eau. »

Moyen facile de cirer les planchers. — Vous prenez une certaine quantité de cendres de bois, que vous mettez dans un nouet de linge, et vous faites bouillir dans un vase avec de l'eau. Vous décantez, et remettez à bouillir cette eau lessivée avec différens petits morceaux de cire. Vous étendez cette eau sur le plancher avec une brosse chaude, et vous frottez ensuite avec une brosse. Dans un instant le plancher, qui doit avoir été d'abord dégraissé et être bien sec, est ciré sans fatigue.

Cette eau de lessive et de cire épaissit un peu; mais on s'en sert tant qu'il en reste; elle se conserve assez long-temps.

Moyen simple pour nettoyer et blanchir les gravures, les cartes et les ouvrages imprimés, tachés par le temps ou la fumée, sans altérer le papier, le dessin et le caractère. — Si la matière dont la gravure est tachée a une apparence résineuse, mouillez-la avec de l'alcool; s'il y avait des taches de graisse ou d'huile on les enlèverait préalablement avec de l'essence de térébenthine rectifiée et chaude. Pour cela l'on imbibe l'endroit taché avec un pinceau sur les deux côtés du papier, et on laisse évaporer l'essence; on trempe ensuite un autre pinceau dans l'alcool rectifié, et on le promène sur la tache et surtout sur les bords pour enlever le cerne. La cendre tamisée ou la terre de pipe qu'on saupoudre sur la tache peut remplacer l'alcool.

Les taches d'encre partielles s'enlèvent par le chlorure de chaux, de potasse (eau de javelle), ou les acides oxaliques et hydrochloriques affaiblis par l'eau. On humecte la partie tachée avec l'un de ces corps liquides, au moyen d'une éponge ou d'un pinceau. Au bout de quelques instans, on enlève la liqueur avec une autre éponge mouillée. Quand le papier est sec, on passe sur les parties détachées, avec un pinceau, un peu de lait chaud, pour l'encoller si l'on doit écrire dessus.

Procurez-vous une large plaque de verre ou une planche unie et cirée, élevez tout autour avec de la cire molle une espèce de rebord d'un pouce de haut et parfaitement égal partout; vous aurez par ce moyen une auge dans laquelle vous étendrez la gravure; versez dessus un peu d'urine fraîche ou d'ammoniaque et mieux de l'eau mélangée avec du fiel de bœuf. Au bout de trois ou quatre jours, jetez le liquide que vous aurez employé et remplacez-le par de l'eau tiède, que vous renouvellerez toutes les trois ou quatre heures jusqu'à ce qu'elle sorte claire et incolore.

L'objet à blanchir étant ainsi préparé et bien égoutté, couvrez-le entièrement à une hauteur convenable d'une solution de chlorure de potasse (eau de javelle) récemment préparée, ou mieux encore d'une eau saturée de chlore. On applique sur la bordure en cire une autre plaque de verre de la même grandeur, afin de ne pas être incommodé par l'odeur du chlore. Vous verrez disparaître complètement la teinte jaunâtre, les gravures reprendront leur blancheur primitive. Deux ou trois heures suffiront pour obtenir l'effet désiré. Si la teinte ne disparaissait pas tout à fait, on verse une nouvelle solution de chlore après avoir fait écouler la première. Lorsque le papier a repris son blanc, on enlève la solution de chlorure ou de chlore. On lave ensuite la gravure à plusieurs eaux sans frotter, ce qui se fait en inclinant la plaque et versant légèrement l'eau sur la partie supérieure; ensuite on enlève le rebord de cire, on couche la plaque avec la gravure sur un drap, on détache le verre avec précaution; on recouvre la gravure d'un autre drap, et on soumet le tout à une légère pression entre deux planches bien unies; on achève ensuite la dessiccation à l'air. Ce procédé donne des gravures ou des impressions d'une blancheur éclatante, et qu'on peut encoller au pinceau avec une solution d'amidon ou d'empois très pure. Les livres brochés ou reliés doivent être mis en feuilles pour être soumis à ce mode de blanchiment, qui a été pratiqué plusieurs fois avec succès sur des ouvrages rares appartenant à des bibliothèques publiques.

Nettoyage des boiseries peintes à l'huile. — Les peintres en bâtimens lessivent tout simplement les boiseries peintes et sales avec une eau alcaline qu'ils appellent *eau seconde*. Ils la composent de la manière suivante: 1 kilogramme 500 grammes de potasse, 500 grammes de *cendres gravelées*; le tout dissous dans 6 litres d'eau. Comme cette composition est très violente et très dissolvante, ils y ajoutent de l'eau pour s'en servir. Par exemple, ils mettent environ un verre de cette composition par chaque litre d'eau; cette dose suffit ordinairement pour décrasser.

On lave les boiseries avec une grosse éponge trempée dans cette lessive, on l'étend bien également, toujours du haut en bas des boiseries, en ayant soin de prendre garde que la lessive ne coule pas sur les parties déjà lavées, ce qui pourrait occasionner des taches. Trois ou quatre minutes après que cette lessive est étendue, il faut laver les boiseries avec de l'eau claire, pour enlever la crasse et l'eau seconde, qui, si elle y restait long-temps, altérerait et détruirait même les couleurs et les vernis qui sont dessus.

Au lieu de l'*eau seconde*, vous pouvez *lessiver* plus promptement et plus sûrement les portes, les fenêtres, etc., qui sont devenues crasseuses par le contact et la transpiration des mains, avec de l'ammoniaque liquide, étendu d'eau, et vous frottez légèrement avec une éponge ou un linge fin; vous lavez ensuite avec de l'eau fraîche. Si la crasse n'est pas enlevée par ce premier lavage, vous lessivez une seconde fois. A l'aide de ce moyen fort simple et économique, on peut se passer d'un peintre praticien, dont les services sont fort coûteux.

Procédé pour recoller la porcelaine cassée. — On frotte les parties cassées avec de la céruse broyée à l'huile (que tous les marchands de couleurs vendent par petites vessies), on les applique et on les tient serrées l'une contre l'autre, puis on laisse sécher, sans y toucher, pendant au moins cinq à six jours; à cette époque, on gratte avec un couteau toute la portion excédante de céruse qu'a pu déborder les morceaux rapprochés. Si le vase est doré, il est bon, immédiatement après le collage, d'essuyer avec un linge fin les parties qu'un grattage pourrait endommager.

La céruse s'est tellement durcie qu'elle fait corps avec la porcelaine, et sa blancheur rend très peu visibles les parties rajustées.

Procédé pour faire le prolmi's chinese cement. — On l'obtient facilement en versant dans une solution épaisse et tiède de belle gélatine ou colle-forte une solution de tannin ou, plus simplement encore, une forte infusion de noix de galle. La masse molle, glutineuse, extensible comme une aponévrose ou du gluten, bien lavée à l'eau chaude et séparée de toute humidité surabondante, est mise dans des flacons à large ouverture, bien fermés.

Pour avoir ce ciment le moins coloré possible, il faut employer de la colle de poisson ou des gélatines exemptes de fer, et éviter de la toucher avec des instrumens de ce métal. Pour s'en servir, on le fait liquéfier en mettant le flacon qui le contient dans de l'eau bouillante; puis, avec un pinceau, on enduit les fractures bien nettes et aussi chauffées d'avance; les pièces, selon leur épaisseur, doivent rester à sécher de quelques minutes à quelques jours; elles pourront ensuite servir pendant long-temps.

Mastic pour souder les marbres. — Le mastic qu'emploient les marbriers est tout simplement de la gomme laque colorée. Mais ce mastic quand l'on applique à chaud ne procure une forte adhérence au marbre qu'en chauffant également celui-ci.

Moyen d'empêcher l'acier de se rouiller. — Pour prévenir la rouille sur les objets d'acier poli, les couteliers anglais les frottent avec de la chaux vive en poudre, ou ils les trempent dans l'eau de chaux avant d'en faire l'expédition.

RECETTES POUR FAIRE LES ENCRES.

Pour écrire sur le papier et le bois. — Prenez noix de galle, d'Alep, concassées, 125 grammes; bois d'Inde campêchem, 64 grammes; couperose verte (sulfate de fer), 64 grammes; gomme arabique en poudre, 46 grammes; couperose bleue (sulfate de cuivre), sucre candi, de chaque 16 grammes.

Faites bouillir la noix de galle et le bois de campêche dans 3 litres d'eau jusqu'à réduction de moitié; passez au travers d'un linge ou un tamis de crin; ajoutez à la liqueur les autres ingrédiens; remuez jusqu'à ce que le tout soit dissous, surtout la gomme; laissez reposer un jour et une nuit; décantez la liqueur noire, et conservez pour l'usage dans des bouteilles bien bouchées. Cette encre revient à 1 fr. le litre.

Pour imprimer sur le linge (recette de M. Haussmann). — Faites dissoudre du bitume dans une suffisante quantité d'esprit de térébenthine; broyez avec cette dissolution du noir de fumée ou de la plombagine en poudre fine (mine de plomb); vous appliquez cette encre sur le linge avec des caractères découpés à jour.

L'on peut remplacer avec avantage le noir de fumée par du crayon noir à dessiner réduit en poudre fine. Le vernis des imprimeurs, mêlé avec de l'oxyde de fer, de l'ocre ou de la sanguine et du savon, produit une encre assez résistante.

Autre moyen indiqué par M. Chevalier, chimiste. — L'on fait graver un cachet en cuivre avec les lettres ou le dessin qu'on veut imprimer; vous saupoudrez le linge, à l'endroit où vous voulez imprimer, avec du sucre candi réduit en poudre très fine; cette poudre doit former une couche légère bien égale et uniforme. Pour cela, on doit se servir d'un tamis ou d'une espèce de poivrière de cuisine, dont les orifices sont fins et multipliés.

On fait chauffer le cachet, comme un fer à papillotte, et on l'applique, lorsqu'il est chaud, sur le sucre en poudre. On laisse séjourner l'estampille sur la surface du linge pendant deux secondes environ, puis on enlève.

Par l'application de la chaleur il y a décomposition; la surface du linge est légèrement roussie et elle porte une marque qui ne peut être effacée.

On conçoit que le mode d'application de l'estampille influe sur le bon résultat de l'opération; qu'il faut assez, mais ne pas trop chauffer le fer; qu'il ne faut pas prolonger le contact plus qu'il ne faut.

Il est bon, lorsqu'on veut se servir de ce moyen, de s'exercer en opérant d'abord sur de petits fragmens de linge. On est alors plus habile lorsqu'on opère sur des vêtemens.

Pour écrire sur le linge (recette anglaise). — Liqueur 1re: On prend, sous-carbonate de soude, 16 grammes; eau de rivière, 128 gr.; gomme arabique, 12 gr. On fait dissoudre la gomme dans l'eau, puis on ajoute le sous-carbonate de soude, qui s'y dissout avec facilité.

Liqueur n° 2:

On prend d'autre part, nitrate d'argent, 10 gr.; gomme arabique, 12 gr.; eau distillée, 25 gr. On fait dissoudre la gomme dans l'eau, puis on ajoute le nitrate d'argent, qui s'y dissout très facilement.

Les deux liqueurs préparées doivent être conservées dans des vases à part. Lorsqu'on veut s'en servir, on agit de la manière suivante: on prend la liqueur n° 1 avec une petite éponge et on mouille la place sur laquelle on veut écrire, on sèche ensuite en se servant d'un fer à repasser, qui unit la place qui a été mouillée. Lorsque la place est ainsi séchée et polie, on écrit avec une plume qui a été plongée dans la liqueur n° 2: cette plume, imprégnée du liquide, fournit des traits colorés, figurant le nom ou tout autre dessin, selon la volonté de la personne qui écrit. On peut, si l'on ne veut pas écrire, faire préparer par un graveur ses initiales, son chiffre à jour, sur une petite plaque d'argent. On mouille la place avec la liqueur n° 1, on sèche au fer à repasser, puis on applique la plaque d'argent, et à l'aide d'une brosse, trempée dans la liqueur n° 2, on passe de la liqueur sur les parties de la plaque découpée à jour; on a soin de bien presser la plaque pour que la liqueur n° 2 ne dépasse pas la lettre, ce qui amènerait du bavochage, c'est-à-dire que les lettres ne seraient pas bien nettes.

Avant que le linge ne soit lavé, on l'expose aux rayons du soleil ou à la lumière d'un beau jour, afin de faire noircir le nitrate d'argent. Cette encre s'enlève, au besoin, par l'action du chlore ou de la vapeur d'ammoniaque.

Autre composition qui n'a besoin d'aucun autre apprêt pour être employée. — Il suffit d'avoir un petit tampon sur lequel on étend un peu de liquide, et, avec un cachet en bois fixe ou mobile, on imprime sur le linge et on laisse sécher l'empreinte.

Composition de la liqueur: nitrate d'argent, 30 gr.; gomme arabique, 30 gr.; eau distillée, 125 gr.; noir de fumée, 8 gr. Mêlez intimement ces substances; en remplaçant la gomme par la même quantité d'encre de Chine, on a une couleur encore plus foncée.

Encre pour écrire sur le zinc et faire des étiquettes de plantes, etc., par M. Braconnot. — Prenez, vert-de-gris en poudre, 1 partie; sel ammoniac en poudre, 1 part.; noir de fumée, 1 demi-part.; eau, 10 part. Mêlez ces poudres dans un mortier de verre ou de porcelaine, en y ajoutant d'abord une partie de l'eau pour obtenir un tout bien homogène, après quoi versez-y le reste de l'eau. Quand on se sert de cette encre, il faut avoir soin de l'agiter de temps en temps. Les caractères qu'elle laisse sur le zinc ne tardent pas à prendre beaucoup de solidité, surtout après quelques jours.

Cette encre pourrait être employée non seulement pour faire des étiquettes pour les plantes, mais encore pour désigner des plantes que l'on conserve dans les lieux bas et humides.

M. Braconnot indique aussi la composition suivante: Eau, noir de fumée et alun.

Les crayons à dessiner de Conté laissent pareillement, en les frottant sur le zinc, des traces ineffaçables.

Encre pour écrire sur le fer blanc. — Eau-forte (acide nitrique), 10 parties; eau, 10 parties; cuivre, 1 partie. On fait dissoudre le cuivre dans l'eau-forte; lorsqu'il est dissous on ajoute l'eau.

On peut écrire sur les rognures de fer-blanc avec ce liquide, en se servant d'une plume ordinaire un peu ferme pour que l'écriture ne *baroche pas*. Mais les morceaux de fer-blanc pouvant être enduits d'une matière grasse qui refuserait le liquide, on les dégraisse d'abord en frottant avec un linge enduit de blanc d'Espagne sec, qui enlève la matière grasse.

Encre pour écrire sur le verre. — Faites dissoudre 30 grammes de nitrate d'argent grossièrement pulvérisé dans 60 gram. d'eau, et versez dans la dissolution 45 gram. d'ammoniaque liquide, et vous la laissez reposer pendant 24 heures; puis vous ajoutez à la liqueur 20 à 30 gouttes d'huile essentielle de girofle dissoute dans 90 gram. d'alcool à 60°. Si la dissolution est trop épaisse, vous ajoutez de l'huile essentielle et de l'alcool; vous écrivez sur le verre avec cette encre et une plume d'oie, et vous lavez ensuite avec de l'alcool.

Lorsque l'écriture est sèche, vous la recouvrez d'une couche légère de vernis à tableaux, et vous faites chauffer légèrement le verre au dessus d'une lampe ou d'une bougie.

RECETTE POUR CONSERVER LES FOURRURES, LES ÉTOFFES DE LAINE ET DE SOIE.

Pour conserver les fourrures, il faut les battre avec une baguette, les envelopper, sans les presser, dans une serviette ou telle autre pièce de linge, après avoir mis entre chaque pli du camphre grossièrement pulvérisé. On enferme ainsi le tout dans une armoire bien sèche et bien fermée, et ni les vers, ni les mites ne s'y mettent jamais. Quand on veut reprendre ces fourrures, en hiver, il faut encore les faire battre et les exposer pendant 24 heures à l'air pour faire évaporer l'odeur du camphre. Si la fourrure est d'un poil long, comme les peaux de renard, de martre, on ajoute au camphre partie égale de poivre noir en poudre.

Il y a des personnes qui se contentent de battre les fourrures à diverses époques, une première fois à l'entrée du printemps, en les serrant, une deuxième fois pendant l'été, et une troisième fois pendant l'automne. D'autres personnes mettent des morceaux de cuir neuf entre les plis de la fourrure.

Un linge imbibé d'huile essentielle de térébenthine, dont l'odeur fait périr les mites, est aussi un moyen certain de conservation; mais, comme l'odeur subsiste long-temps, nous ne le conseillons pas aux personnes que cette odeur incommode.

Les étoffes de laine se conservent comme les fourrures; mais il faut les exposer préférablement dans un appartement très sec où l'air se renouvelle sans cesse, dans une armoire ou dans une commode que l'on ouvre souvent; on les bat et on les brosse de temps en temps.

Les soieries demandent moins de soins et de précautions. On n'emploie pas le camphre pour les conserver; mais on les renferme dans un endroit très sec, car l'humidité tache ou *pique* les couleurs.

PARFUMERIE.

Formule d'une eau de Cologne par mélange. — Alcool rectifié, 1 litre et demi; esprit de romarin distillé, 250 grammes; eau de mélisse spiritueuse, 250 gram.; essence de bergamote, 16 gram.; néroli, 50 gouttes; essence de cédrat, 4 gram.; essence de citron, 1 gram.

L'alcool doit être choisi avec le plus grand soin, car si l'on employait de l'alcool qui eût du goût, l'alcool de marc, de fécule, etc., on aurait de l'eau de Cologne qui aurait une odeur désagréable; et, comme les essences se volatilisent plus facilement que ne le font les produits qui salissent l'alcool, il en résulte que l'odeur de ces produits persiste et que l'odeur fatigue les personnes qui font usage de l'eau de Cologne.

Il faut aussi choisir des essences fines et ne pas faire usage d'essence mêlée d'huiles volatiles d'une moindre valeur.

Vinaigre aromatique anglais. — Vinaigre radical, 32 grammes; essence d'ambre, 6 décigram.; essence de lavande, 1 gram.; essence de romarin, 5 décigram.; essence de girofles, 4 décigram.; essence de cannelle, 2 gouttes; camphre, 1 gram. Mêlez, filtrez à travers du coton et conservez.

On doit prendre le vinaigre très concentré; on se le procure chez les pharmaciens. Il ne faut pas faire usage de celui vendu dans le commerce, qui n'est pas pur et qui souvent est un mélange de vinaigre de bois ayant une odeur d'empyreume.

Quelques personnes respirent avec plaisir ce vinaigre, et elles lui donnent la préférence sur le vinaigre simple très concentré.

Autre formule. — Vinaigre radical, 32 grammes; cardamome, cannelle, girofles, muscade, de chaque 1 gramme.

On laisse macérer pendant 48 heures, on filtre et on conserve.

Ce vinaigre est employé dans les mêmes cas que le précédent.

Recette d'une pâte pour se laver les mains. — On prend 500 grammes de pâte d'amande de bonne qualité, réduite en poudre fine, 375 gr. d'huile d'amande douce, 8 à 10 gouttes d'une huile essentielle odorante, et qui peut varier selon l'aromate qu'on veut donner au produit.

On mêle l'huile à la pâte dans un mortier, et lorsque le mélange est bien homogène, on le met dans un pot de faïence.

Pour s'en servir, on en prend une petite quantité, on en imprègne les mains, et on les lave ensuite avec une petite quantité d'eau comme on le ferait pour la pâte d'amandes; on se lave ensuite les mains à grande eau.

L'emploi de cette pâte assouplit, adoucit la peau, et la nettoie parfaitement.

On peut prendre de la pâte d'amandes obtenue avec les amandes mondées de leur pellicule; on obtient alors une pâte blanche qui est plus agréable.

Préparation de savon au beurre pour la toilette. — On prend un demi-kilogr. de savon blanc bien préparé, et pareille quantité d'esprit-de-vin rectifié à 38 ou 40 degrés, on le trouve chez tous les liquoristes et les pharmaciens bien assortis. On le fait dissoudre à chaud et on ajoute à la dissolution quelques gouttes d'acide acétique pour saturer l'excès d'alcali qui existe presque toujours dans les savons les mieux préparés. On chauffe la composition au bain-marie, pour retirer le plus d'alcool possible; puis, on mêle au résidu un mucilage produit avec 30 grammes de gomme adragante, qu'on a fait tremper à l'avance, pendant 12 heures, dans un peu d'eau froide.

On remue bien cette composition avec une spatule ou une cuillère de bois pour opérer un mélange bien intime; on la parfume avec toutes les odeurs. Ainsi préparé, ce savon a perdu toute son action nuisible sur la peau, et a acquis une douceur et une onctuosité remarquables.

Savon de Windsor. — Coupez en petits morceaux du savon blanc nouveau, faites-les fondre au bain-marie; ajoutez s'il est nécessaire un peu d'eau-de-vie. Lorsque le savon sera fondu, vous l'aromatiserez avec l'essence de citron, de bergamote ou autre; le mélange étant bien opéré, on le coule dans un moule où il restera pendant huit jours, on le coupe ensuite en petits pains carrés de la grandeur que l'on veut.

Composition de l'eau de Paris de M. Laugier. — 8 litres esprit trois-six de Montpellier, très-fin; 125 grammes eau de mélisse des carmes; 62 gram. essence de citron; 62 gram. essence de Portugal; 62 gram. essence de bergamote; 16 gram. de néroli superfin; 8 gram. essence de romarin. Mettez infuser ensuite toutes ces substances; tenez le vase fermé dans un endroit chaud. Filtrez avec un entonnoir dont le dessus est fermé, et conservez cette eau en flacons.

Manière de faire l'extrait de Portugal. — La manière de faire cette eau de senteur est très simple, il suffit d'ajouter dans de l'alcool très pur de l'huile essentielle d'orange dite essence de Portugal; on ajoute graduellement cette essence dans l'alcool jusqu'à ce qu'on ait obtenu le degré d'odeur qu'on désire; on doit prendre de l'alcool à 36 degrés, et se procurer l'huile essentielle chez un bon droguiste, afin de l'avoir pure; après ce mélange, si on laisse reposer dans un lieu chaud, pendant quelques semaines, les flacons bien bouchés, on aura un extrait aussi parfait que celui qu'on achète chez les parfumeurs.

RECETTE DE POUDRES DENTIFRICES.

Au charbon. — 31 gram. de charbon pulvérisé très fin; 31 gram. de sucre en poudre, et trois gouttes d'huile essentielle de girofle ou de menthe. Mêlez le tout ensemble pour faire une poudre bien fine.

Autre avec charbon et au quinquina. — 31 gram. de charbon pulvérisé, 31 gram. de quinquina rouge, 16 gram. de sucre et 4 gouttes d'huile volatile de menthe.

Recette d'un élixir de rose pour la bouche. — Prenez alcool, 1 litre et demi; clous de girofle, 4 gram.; cannelle de Ceylan, 23 gram.; gingembre, 16 gram.; essence de Portugal, 4 gram.; essence de menthe poivrée, 31 gram.; essence de roses, dissoute dans 31 gram. d'eau, 3/4 gram.

Mélangez bien le tout; laissez infuser pendant 15 jours dans un flacon hermétiquement fermé, filtrez après ce temps dans un entonnoir fermé, et conservez en flacon.

Manière de faire des pastilles du sérail et colliers odorans. — On emploie à cet effet toutes les fleurs dont l'odeur est agréable, et en les pilant dans un mortier de fer, avec un peu d'amidon et de gomme arabique, on obtient une pâte noire. Lorsque ces pétales sont bien pilées, on en fait des balles ou perles à l'aide d'un moule, ou en roulant entre deux doigts des parties de pâte.

Voici la manière dont on doit diriger cette opération:

On choisit 500 gram. de pétales de roses bien odorantes, et si l'on peut s'en procurer, 31 gram. de bois de rose en poudre, passée au tamis le plus fin; on pile les pétales et la poudre dans un mortier de fer avec un pilon de fer, et on ajoute 4 gram. de sulfate de fer en poudre. Lorsque les roses sont bien pilées et que la pâte est très homogène, on ajoute: amidon en poudre, 62 gram.; gomme arabique, 16 gram. On pile de nouveau le tout ensemble, et s'il est nécessaire on ajoute de l'eau ou de l'amidon, selon l'état de la pâte; on continue à la piler trois jours de suite au moins une heure chaque. Enfin, lorsque la pâte est douce, onctueuse et d'une bonne consistance, on en forme des pastilles dans des moules, ou de petites perles qu'on perce à l'aide d'une grosse épingle, lorsqu'elles sont encore humides.

Pastilles et colliers à différentes odeurs. — Lorsqu'on veut avoir un collier dont l'odeur soit composée, on prend partie égale de toute espèce de fleurs, telles que jasmin, rose, violette [1], réséda, fleurs d'oranger, etc.; puis 500 gram. de fleurs; on ajoute les doses des substances indiquées dans la recette précédente, et on manipule de la même manière.

Les pastilles, obtenues à l'aide de pétales de fleurs seules, ne jouissent pas long-temps et avec force de leur propriété odorante: aussi les Orientaux, avides d'odeurs pénétrantes, composent-ils autrement les pastilles du sérail. Voici comment on opère:

On prend: musc, 2 milligram.; ambre gris, 4 centigram.; encens, 4 centigram.; benjoin, 4 gram.; baume de la Mecque, 4 gram.; poudre de santal, 16 gram.; poudre de bois de rose, 16 gram.; poudre d'ambrette, 16 gram.; poudre de cascarille, 16 gram.; vétyver, 16 gram.; vanille de bonne qualité, une gousse et demie.

On arrose ces substances de quelques gouttes d'essence de néroli et de Portugal, et on ajoute encore quelques grains de camphre, si l'on ne craint pas cette odeur.

Toutes ces substances sont mises dans un mortier de marbre et pilées avec soin; on arrose de temps en temps avec un peu d'alcool, afin de faciliter le mélange. Lorsque ces drogues sont bien triturées, on les jette dans le mortier de fer, dans lequel on a préalablement pilé 1 kilogr. 125 gram. de pétales de fleurs diverses, mêlées avec 4 gram. de sulfate de fer par 500 gram. de pétales, 62 gram. d'amidon et 16 gram. de gomme arabique. On continue à mêler trois jours en pilant les matières une heure chaque jour; on ajoute, s'il est urgent, de l'alcool pour aider au mélange des diverses substances, et si la masse n'est pas assez noire, le dernier jour on ajoute un peu de vinaigre pour pousser au noir.

Ces pâtes, qu'on peut varier à son goût, peuvent être préparées à toutes sortes d'odeurs; il suffit de suivre la base de la méthode que nous venons d'indiquer. On les moule dans des formes gravées, de cuivre ou de corne; ces moules représentent divers objets qui sortent en relief sur les pastilles, qui, lorsqu'elles sont faites avec soin, conservent très long-temps leur odeur.

Si l'on voulait des pâtes de couleurs diverses, il suffit de piler les pétales avec un pilon de bois dans un mortier de marbre, en retranchant le sulfate de fer, puis on ajoute des couleurs en poudre selon les nuances qu'on recherche.

Lorsqu'on a fait des perles, si la pâte a été bien pilée et bien comprimée au moule, on peut, lorsqu'elles sont sèches, les tourner comme les pois d'iris; ces pâtes deviennent alors très brillantes, surtout si on les frotte avec un peu d'huile d'olive. Ces colliers sont excellens pour placer dans des armoires. Ils donnent une odeur très agréable au linge.

[1] On peut remplacer l'odeur de violette par de l'iris en poudre impalpable, 31 grammes par 1/2 kilog. de pétales.

ÉCONOMIE DOMESTIQUE. — RECETTES DE MÉNAGE.

On nous accusera peut-être de trop de témérité de parler ici des recettes de ménage, mais nous avons pensé qu'il se rencontrerait des lectrices auxquelles nos renseignemens pourraient être utiles et agréables; nous dirons même qu'ils sont nécessaires et indispensables à tous les ménages, sans aucune exception, parce qu'ils leur indiquent les moyens de se procurer des jouissances ou des ressources *alimentaires*.

Bouillon. — La meilleure manière de préparer le bouillon est de mettre la viande dans un pot de terre ou de fer blanc, avec de l'eau froide et du sel, de faire chauffer ce pot-au-feu lentement; et lorsque l'eau est en ébullition de la maintenir à un faible bouillonnement; les légumes ne sont introduits qu'après que les écumes ont été enlevées. On concentre le liquide à moitié et l'on obtient le *consommé*. Le bouillon préparé comme nous venons de le dire est préférable à celui qu'on obtient en plongeant la viande dans l'eau bouillante. On conçoit au reste, comme le célèbre chimiste M. Chevreul l'a observé, que les parties extérieures de la viande plongée dans l'eau bouillante se durcissent par la chaleur subite qu'elles éprouvent, forment une sorte d'enveloppe qui s'oppose à la libre pénétration de l'eau du pot-au-feu dans l'intérieur.

Préparation d'un excellent bouillon par M. Chevreul [2]. — On met dans un pot de terre vernissé, d'une contenance de 6 litres environ: 1 kilog. 35 gr. de viande de bœuf, 430 gr. d'os, 50 gr. de sel marin, 5 kilog. d'eau. On chauffe graduellement jusqu'à l'ébullition, on écume, puis on ajoute 330 gr. de navets, carottes et un oignon brûlé.

On maintient le bouillonnement à un faible degré pendant cinq heures et demie.

On en obtient 5 litres d'un excellent bouillon, 860 gr. d'un excellent bouilli, 392 gr. d'os et 350 gr. de légumes cuits.

Le litre de bouillon, d'une odeur et d'une saveur agréables, pèse 1,013 gr. et il est formé de 985 gr. d'eau, 17 gr. de matières organiques et nutritives, 11 gr. sels (solubles et insolubles).

Conservation du bouillon de viande. — Il n'est personne qui ne sache qu'en hiver, surtout lorsque la température approche du zéro, les liquides les plus putrescibles peuvent se conserver pendant plusieurs semaines sans altération, mais tou-

[2] Voir son rapport sur le bouillon de la Compagnie Hollandaise fait à l'Académie des sciences le 19 mars 1832.

tes les maîtresses de maison ne savent pas qu'en été, en faisant bouillir ces mêmes liquides tous les jours, on peut aussi les conserver pendant plusieurs semaines. Ainsi, pour conserver un bouillon qui aigrit promptement, surtout lorsqu'il n'est pas fait avec de la viande seule, et qu'il est entré dedans une composition de légumes, de racines, et surtout des carottes qui passent aisément à la fermentation acide, il suffit, après l'avoir dégraissé et tiré au clair dans un pot de terre bien propre, de le faire bouillir un instant, une fois par jour pendant les saisons tempérées, et le matin et le soir pendant les grandes chaleurs d'été. Dans ce cas, il faut moins saler le bouillon.

CONSERVATION DE LA VIANDE PAR LA DESSICCATION (1).

Le procédé consiste à mettre la viande fraîche dans un vase avec une quantité d'eau suffisante pour la faire bouillir pendant 25 ou 30 minutes et en séparer la lymphe, qui à ce degré de chaleur se coagule à la surface de l'eau et qu'on nomme communément l'*écume du pot*. On retire ensuite la viande pour la faire égoutter pendant douze heures à l'air sur une claie d'osier, et on la place dans une étuve dont la température doit être élevée de 50 à 70 centigrades jusqu'à parfaite dessiccation. L'auteur, M. Dizé, chimiste, fait observer qu'il est très important de maintenir la température de l'étuve, afin d'opérer la dessiccation sans interruption du centre de la viande à sa surface et de prévenir ainsi la moindre altération qui pourrait se manifester dans son intérieur.

La viande, traitée par le procédé de M. Dizé, perd 55 pour 100 de son poids, savoir : 1° 25 parties d'eau soustraites par la coction préliminaire dans l'eau bouillante ; 2° une partie et demie de substance solide et nutritive que cette eau a dissoute ; 3° 28 parties et demie d'eau par la dessiccation dans l'étuve. Cette partie est presque toujours variable, en raison de ce que l'animal a été plus ou moins saigné. Ce qui revient à dire qu'avec 100 kil. de muscle de bœuf, on obtient 45 kil. de viande desséchée.

MOYENS DE CONSERVER LES VIANDES FRAICHES.

1° *Dans l'huile.* — La viande fraîche, coupée et préparée par le procédé de M. Dizé, sans la dessécher à l'étuve, est mise dans une jarre de grès. On oint chaque morceau d'huile d'olive, on les comprime et on couvre la surface avec de l'huile dont une épaisseur de doigt suffit pour la conservation de la viande pendant une année. L'orifice du vase est fermé par un bouchon de liège, enveloppé dans un linge huilé ; le tout est recouvert d'un parchemin trempé dans du vinaigre et ficelé autour du vase. Pour employer cette viande à l'alimentation, on la plonge dans de l'eau fraîche, on la presse et on la bat à plusieurs reprises pour enlever l'huile qui est attachée à ses parois, et celle-ci surnage à la surface de l'eau en forme de gouttes. La cuisson achève de séparer toutes les parties étrangères à la viande.

2° *Dans la graisse.* — Ce procédé consiste à préparer la viande fraîche comme il est dit ci-dessus, à l'exposer pendant quelque temps dans une étuve pour, à l'aide de la chaleur, lui enlever une portion de son humidité surabondante, sans la dessécher. Cette humidité soustraite, on plonge chaque morceau de viande dans de la graisse ou du suif fondu, et on les retire immédiatement. La graisse fait un vernis sur la viande et la conserve ; mais la gélatine extraite des os est bien préférable à la graisse, parce qu'elle est moins altérable et plus sèche.

3° *Dans le beurre.* — On donne à la viande, lavée et coupée par morceaux, un quart de cuisson dans le beurre fondu ; on les sale et on les assaisonne comme pour l'usage journalier ; après les avoir laissés refroidir, on les arrange dans des pots de terre vernissés, et on verse dessus le beurre fondu, de manière que toute la viande en soit noyée et couverte de deux travers de doigt. On a soin, chaque fois qu'on en retire un morceau de viande, que le reste soit bien couvert de beurre. On ferme exactement les vases pour empêcher, autant qu'il est possible, le contact de l'air.

4° *Par la salaison.* — On prend 500 gram. de sel marin et 30 gram. de nitre ou salpêtre pour 7 à 8 kilog. de viande. La viande est découpée par morceaux, dépouillée du sang et de la lymphe par le lavage à l'eau, et desséchée dans une étuve. On frotte les morceaux avec le sel, on les met les uns sur les autres dans une caisse en bois ou dans une jarre en terre ; on les retourne tous les huit jours pendant un mois. Au bout de ce temps, on essuie les morceaux de viande, on en absorbe l'humidité avec du son ou de la sciure de bois très sèche, et on les suspend dans l'intérieur de la cheminée ou dans une étuve pour les faire sécher.

On conserve encore le bœuf, le mouton et le porc à l'aide d'une autre liqueur nommée saumure. Elle se prépare en faisant bouillir 2 kilogr. de sel marin, 750 gram. de sucre, 62 gram. de salpêtre, dans 8 litres d'eau ; on écume et on retire du feu ; on verse cette liqueur refroidie sur la viande, qui a été dépouillée de sang, d'abord par un lavage dans l'eau froide et frottée ensuite avec du sel.

5° *Par l'emploi du charbon.* — On enveloppe d'un linge fin les viandes que l'on veut conserver, et on les place ainsi dans une boîte au milieu du poussier de charbon. On peut préserver ainsi de la putréfaction la volaille, le gibier, le poisson pendant un certain temps, malgré la chaleur de la saison ou l'humidité de l'atmosphère.

ART DE CONSERVER PENDANT PLUSIEURS ANNÉES LES SUBSTANCES ANIMALES ET VÉGÉTALES, PAR APPERT.

Comme nous ne pouvons entrer dans tous les détails d'exécution de ce procédé, qui nous mèneraient trop loin, nous dirons de suite qu'il consiste principalement :

1° A renfermer dans des bouteilles ou bocaux et dans des boîtes de fer-blanc ou de fer battu les substances que l'on veut conserver ;

2° A boucher ou souder hermétiquement ces différens vases, car c'est surtout de cette opération que dépend tout le succès ;

3° A soumettre ces substances ainsi renfermées à la cuisson de l'eau bouillante d'un bain-marie, pendant plus ou moins de temps, selon leur nature ;

4° Retirer les bouteilles et les boîtes du bain-marie au temps prescrit.

Ainsi, le principe conservateur qu'Appert a appliqué le premier à la conservation des substances alimentaires est la chaleur ; celle-ci agit sur les substances mises dans des vases bien fermés, à l'abri du contact de l'oxygène de l'air, qui est l'agent de la fermentation et de la putréfaction. Mais, pour que ce procédé de conservation réussisse, il faut non seulement que la chaleur soit suffisamment prolongée pour détruire ou décomposer l'air enfermé dans la boîte et le rendre impropre à exciter la fermentation ou la putréfaction, mais encore que les vases, qui renferment les substances, soient fermés très hermétiquement, afin que l'air ne puisse y pénétrer. Il faut enfin que les bouteilles ou les vases qui renferment les substances destinées à être conservées soient d'une constitution assez solide pour résister à l'action de la chaleur du bain-*marie*.

Du reste, on trouve aujourd'hui chez tous les marchands faïenciers bien assortis des vases très convenables à la conservation des substances, et à un prix aussi bas qu'on peut le désirer.

Cuisson de légumes farineux. — Deux choses contribuent à rendre coriaces ou difficiles à cuire les légumes farineux. La première dépend des trop fortes chaleurs de l'été pendant leur végétation, qui les rendent cornés. La deuxième dépend de l'eau dans laquelle on les fait cuire. On sait que l'eau de puits, par exemple, est impropre à cet usage par la quantité de chaux qu'elle contient en dissolution.

On remédie à cet inconvénient en mettant gros de cendre de bois comme un œuf dans un linge serré qu'on jette dans la marmite, et qu'on retire après la cuisson, ou, encore mieux, 25 à 30 grammes de sous-carbonate de potasse par seau d'eau. Ce moyen, outre l'avantage de cuire promptement les légumes, a celui de contribuer à en améliorer le goût. Il économise en même temps le sel dont il convient de diminuer la quantité.

Cuisson des haricots à l'eau de puits. — Ce moyen, que l'on doit à M. Braconnot, habile chimiste de Nancy, consiste à ajouter un peu de vinaigre, ou de l'oseille dans un nouet, à l'eau dans laquelle on fait cuire les légumes.

Conservation de la graisse. — Lorsqu'on veut conserver la graisse de bœuf ou celle de porc pour les usages domestiques, on la coupe par petits morceaux, gros à peu près comme des noix, on la sépare avec le plus grand soin des parties membraneuses et vasculaires qui la contiennent. Cette graisse est ensuite jetée dans l'eau, et fortement pétrie avec les mains, afin que l'eau en détache le sang, la matière gélatineuse et les autres impuretés. On doit renouveler l'eau et pétrir de nouveau, jusqu'à ce qu'elle en sorte aussi claire qu'elle y a été mise. La graisse bien lavée est jetée dans un vaisseau de fer ou de terre vernissée et bien propre, dans lequel il faut ajouter un peu d'eau. Alors on le porte sur un feu doux, on fait fondre la graisse doucement, en remplaçant par de l'eau bouillante l'eau qui s'est évaporée, et on le tient dans cet état de fusion jusqu'à ce que l'eau soit entièrement évaporée ; c'est ce que l'on reconnaît lorsque le bouillonnement qui se produit à la surface de la graisse a cessé. On retire alors le vase de dessus le feu, et l'on passe la graisse au travers d'un linge ou d'un tamis peu serré pour en séparer les ordures. Généralement, on vide la graisse dans des vases de terre ou de faïence, et on les couvre avec leur couvercle, avec du papier ou du parchemin. Il vaut beaucoup mieux couler la graisse, quand elle est encore fluide, dans des vessies bien lavées dans de l'eau et du vinaigre, l'y laisser s'y figer, et ensuite faire une ligature dans le haut, avec une ficelle. C'est au moyen de cette ficelle qu'on suspend les vessies dans un endroit où la chaleur est modérée ; on pratique déjà ce moyen pour conserver les couleurs à l'huile. A mesure qu'on a besoin de graisse, on défait la ligature, on presse la vessie, et la graisse sort par la petite ouverture ; on ferme ensuite la ligature comme auparavant.

Conservation du lait. — M. le docteur Bouchardat a démontré qu'un des moyens de conserver le lait pendant deux ou trois jours est de ne pas le transvaser dans des vases de matières différentes, car, dans ce cas, la durée de sa conservation est toujours de beaucoup diminuée ; du lait recueilli dans des vases de fer-blanc, puis transvasé dans des vases de verre ou d'étain, etc., s'y conserve beaucoup moins longtemps que s'il y avait été primitivement placé. Le soufre conserve le lait très long-temps, mais il y devient sensiblement acide et se coagule par l'ébullition. Les vases de zinc et de cuivre le conservent très bien, mais l'innocuité de ces vases est contestée ; le vase de fer communique assez vite au

(1) Ce procédé a été publié dans le Bulletin de la Société d'encouragement, année 1838, page 127.

lui une saveur très désagréable. Au résumé, pour l'usage domestique, il faut s'en tenir aux vases de fer-blanc, en évitant de transvaser; et mieux encore, on fait usage de la poterie de grès.

On peut aussi conserver le lait pendant plusieurs mois si on le fait bouillir tous les jours : de cette manière on chasse l'air qu'il a pu absorber, et on prévient sa coagulation.

Appert a indiqué le moyen de conserver le lait dans des boîtes de fer-blanc pleines, bien bouchées et soumises à la chaleur d'un bain-marie chauffé jusqu'à l'ébullition pendant deux heures; mais ce moyen a pour inconvénient [illegible] une portion du beurre qui vient nager à la surface du liquide.

M. Lesson, pharmacien en chef de la marine, a heureusement perfectionné le procédé d'Appert. Il évapore le lait au bain-marie jusqu'à la réduction de moitié, et l'agite sans cesse, même lorsqu'il est retiré du feu, pour forcer la crème à ne pas venir à la surface, mais à se mélanger avec le liquide épaissi, que l'on introduit lorsqu'il est froid dans des bouteilles; celles-ci, bouchées avec soin et ficelées, sont soumises à une ébullition de deux heures dans de l'eau, dont elles sont tirées ensuite, et mises à l'abri de l'air pour qu'elles ne se brisent pas; elles sont ensuite cachetées avec un lut recouvert d'une vessie mouillée. Ainsi, 1,000 gramm. de lait sont ramenés à 500 gramm.; et il suffit pour l'usage d'ajouter 500 gramm. d'eau.

Moyen d'empêcher le lait de se tourner en bouillant. — L'addition de 2 gram. 1/2 de bi-carbonate de soude par litre de lait peut retarder d'environ 10 à 12 heures le moment où, par suite de son altération spontanée, le lait devient susceptible de se coaguler par l'ébullition. Il y a des laitiers qui emploient ce moyen avec un tel succès qu'ils jouissent de la réputation précieuse pour leur intérêt de ne vendre que du lait *qui ne tourne jamais*. Lorsque le lait s'est tout à fait caillé pendant la chaleur, ou lorsqu'on le chauffe, on peut donc le rétablir dans son homogénéité première; mais alors il faut lui ajouter une portion un peu plus forte de bi-carbonate de soude.

Conservation de la crème suivant Appert. — On prend une quantité donnée de crème, par exemple deux litres; on la lève avec soin sur du lait de la veille; on la rapproche au bain-marie, à [illegible], sans l'écumer; on enlève la peau qui s'est formée dessus, pour la passer de suite à travers une étamine et la faire refroidir. Après en avoir ôté la peau qui se forme en refroidissant, on la met en demi-bouteilles que l'on bouche hermétiquement de manière à laisser un peu d'intervalle entre la partie inférieure du bouchon et le liquide. On met ensuite ces demi-bouteilles dans un bain-marie, où l'on a soin de les assujétir. En commençant l'opération, l'eau du bain-marie doit à peine être tiède; on pousse ensuite à l'ébullition; on maintient ainsi pendant un quart d'heure, et on retire du feu pour laisser refroidir et mettre en réserve.

Conservation du beurre. — Il y a deux moyens connus de conserver le beurre. L'un consiste à le fondre, et l'autre consiste à le saler.

Beurre fondu. — On met le beurre dans une chaudière avec du girofle concassé, du laurier-sauce et de l'oignon. La quantité de ces ingrédients est proportionnée à celle du beurre. Quatorze clous de girofle, huit feuilles de laurier et deux oignons de moyenne grosseur suffisent pour 50 kilog. de beurre. On fait cuire le tout à petits bouillons sur un feu clair sans écumer. On laisse bouillir le beurre jusqu'à ce qu'il paraisse parfaitement clair sous l'écume, ce qui a lieu ordinairement après trois heures de cuisson. Alors, on retire la chaudière du feu, on laisse reposer le beurre pendant une heure, on enlève l'écume qui reste sur la surface et l'on filtre le beurre au travers d'un linge ou d'un tamis de crin, pour enlever toutes les matières étrangères qui se sont précipitées au fond de la chaudière, ainsi que les ingrédients qu'on y a introduits. Enfin on verse le beurre dans des pots de grès; on couvre ensuite les pots de manière à intercepter autant que possible le contact de l'air.

On ne couvre les pots que lorsque le beurre est entièrement figé, et on les place dans un endroit frais. Pour qu'il se conserve parfaitement sain, on met à part une forte poignée de sel dans un demi-verre d'eau, on passe cette solution au travers d'un linge pour enlever les saletés, et on verse cette eau salée sur le beurre bien refroidi, de manière qu'il soit couvert à la hauteur d'un demi-centimètre.

Beurre salé. — L'on prend du beurre le plus frais que l'on peut se procurer, et surtout celui qui, à l'œil, à l'odeur, et au goût, ne présente aucun signe d'altération. La première opération qu'on lui fait subir est le lavage.

On divise la masse par portions de 1 kilog. ou 1 kilog. et demi, et on les pétrit l'une après l'autre dans de l'eau fraîche, en exprimant avec force le beurre dans les mains jusqu'à ce que l'eau, qu'on change souvent, s'écoule très claire. On jette de l'eau fraîche sur une table bien unie et bien propre, on place dessus les portions de beurre; on le saupoudre alors de 500 gr. de sel gris séché au four et finement pulvérisé, par 6 ou 10 kilog. de beurre, et l'on pétrit au moyen d'un rouleau de la même matière qu'on en use pour la pâtisserie; on mouille continuellement le rouleau afin que le beurre ne s'y attache pas.

Après que chaque portion de beurre a été suffisamment travaillée, on la met dans un vase plein d'eau fraîche. Quand on a salé tout le beurre que l'on veut conserver, on le retire de l'eau partie par partie, on l'essuie parfaitement et on en remplit soigneusement des pots de grès ou des barriques à douves bien jointes, dans lesquels on a mis d'abord un linge saturé de sel marin. On foule et tasse le beurre avec la main, de manière à ne laisser aucun vide entre les couches de beurre que l'on place l'une après l'autre.

On laisse reposer le beurre pendant 7 ou 8 jours. Pendant ce temps le beurre salé se détache du pot, parce qu'il diminue de volume, et il s'établit entre lui et le pot un intervalle d'un à deux millimètres, dans lequel l'air s'introduisant pourrait gâter le beurre. Pour prévenir cet accident, on prépare une saumure de sel et d'eau assez forte pour qu'un œuf y surnage, et on la verse peu à peu en remuant doucement le pot pour la faire pénétrer, et l'on en recouvre toute la surface du beurre de 1 ou 2 centimètres.

Moyen de détruire la rancidité du beurre, par M. Girardin. — On pétrit le beurre avec une eau légèrement alcaline, c'est-à-dire contenant un peu de bicarbonate de soude. Lorsque la rancidité a disparu par un lavage suffisant, on pétrit le beurre à plusieurs reprises dans de l'eau fraîche, puis on le sale convenablement.

Manière de connaître les œufs frais. — Un moyen de connaître si les œufs sont frais ou non est de les présenter au feu; si alors il paraît de l'humidité sur la coquille, c'est une preuve qu'ils sont frais, sinon l'on peut juger qu'ils sont vieux. — *Un autre moyen* est de les regarder au travers avec une lumière qu'on place devant. L'œuf frais paraît plein et sans bulles d'air; l'œuf vieux, au contraire, paraît vide à la pointe et intérieurement marqué de petits points occasionnés par l'air dilaté dans l'intérieur, à mesure que le fluide de l'œuf s'est évaporé par la transpiration à travers les pores de la coquille.

Conservation des œufs. — Délayez de la chaux vive dans de l'eau, autant qu'elle peut en dissoudre; laissez reposer ce mélange, et décantez le liquide clair que vous verserez dans le vase où vous aurez entassé vos œufs; le vase doit être bien couvert et il doit y avoir quatre à cinq centimètres au-dessus des œufs. Vous ne retirez les œufs qu'à mesure des besoins, avec des ustensiles très propres et sans remettre ceux que vous aurez touchés.

Conserves sucrées sèches pour boissons rafraîchissantes. — On prépare ces conserves pendant l'été en mêlant à des sucs de fruits de l'eau et du sucre. Il est vrai que l'on vend des préparations semblables dans le commerce, mais il est plus économique de les préparer chez soi.

Le moyen à employer est le suivant :

On prend des groseilles, on les sépare des rafles, on les écrase, on sépare le suc et on le passe à travers une chausse. Ce suc étant obtenu clair, on en prend une partie; d'un autre côté, on prend de quatre à six parties d'un beau sucre bien blanc réduit en poudre; on mêle le suc de groseilles au sucre en poudre, et on forme du tout une pâte granuleuse. Cette pâte, desséchée dans une étuve doucement chauffée, pulvérisée, est conservée dans des flacons en verre bien secs et bouchés en verre ou en liège bien propre et bien sec.

Lorsqu'on veut faire un liquide analogue à l'eau de groseilles, on prend une cuillerée à bouche du sucre qui a une belle couleur rose, on le fait fondre dans un verre d'eau, et on obtient une liqueur sucrée très agréable.

On peut préparer des conserves de cerises, de fraises, etc., en opérant de la même manière. On peut aussi préparer des sucres d'orange, de citron, mais il faut alors, avant de piler le sucre, le frotter sur les écorces de citron et d'orange pour enlever une partie de l'huile essentielle qui donne de l'arôme au produit, ou, ce qui vaut mieux, frotter un morceau de sucre sur ces écorces, piler ce sucre pour ajouter la poudre au sucre qui [illegible]; on évite par là [illegible] de l'huile volatile, qui [illegible] de l'odeur, et qui se dégage lorsqu'on fait dessécher le mélange à la chaleur de l'étuve.

MANIÈRE DE FAIRE L'EAU DE SELTZ FACTICE.

Il existe plusieurs appareils de ménage destinés à la préparation des eaux gazeuses; [illegible] le plus économique est, à notre connaissance, celui inventé par M. Gaucherel, demeurant rue Bourbon-Villeneuve, [illegible], à Paris. Cet appareil, qui se vend [illegible], se compose de deux vases distincts en grès, [illegible] au-dessus de l'autre.

Pour préparer l'eau gazeuse, on introduit dans le vase supérieur le mélange de deux poudres [illegible] préparation suivante :

Acide tartrique 15 parties, et bi-carbonate de soude 18 parties. On remplit le vase inférieur d'eau [illegible], et l'on bouche le vase avec une [illegible] plein que l'on visse aussi solidement que possible.

Si l'on couche l'appareil, [illegible] par un tube creusé dans le vase supérieur, et les poudres qui y sont contenues se décomposent; il se dégage alors une certaine quantité de gaz carbonique, lequel traverse l'eau contenue dans le vase inférieur et s'y dissout. Cette dissolution de gaz carbonique dans l'eau est ce qu'on nomme eau de Seltz factice, et qu'on boit le plus généralement en France.

Manière de faire la glace artificielle. — C'est à l'aide de mélanges réfrigérants, de sels ammoniacaux ne renfermant pas de glace, et d'appareils faciles à manier qu'on produit la glace artificielle dans les ménages, sinon très économiquement, au moins très aisément.

Nous connaissons et nous conseillons l'appareil congélateur de M. Villeneuve, et surtout celui inventé par M. Goubaud, à l'aide duquel on peut produire de la glace au prix de revient de 70 à 80 centimes le kilogramme, après une opération qui dure de quinze à vingt minutes.

L'appareil de M. Goubaud est très économique, car il se vend de 30 à 60 francs et au-dessus, suivant la grandeur. Il exige l'emploi de 2 kilogr. 500 grammes de sel et de 2 litres et demi d'eau à la température de 12 degrés, et il produit la congélation de près de 500 gr. de glace à la même température. Pour opérer, l'on met l'eau dans l'intérieur des dix tubes verticaux qui forment l'appareil et on les ferme hermétiquement avec un couvercle unique, muni d'une manivelle ; on tourne cet appareil à l'aide de la manivelle, au milieu des sels réfrigérans dont on remplit un seau.

PRÉPARATION DU THÉ.

On verse de l'eau bouillante dans la théière pour l'échauffer. Cette eau est ensuite passée dans les tasses pour le même motif. Après avoir égoutté la théière, on y met le thé. Une forte cuillerée à café fournit deux tasses d'infusion, si l'on n'a besoin que de deux tasses seulement ; mais si l'on en veut faire pour plusieurs personnes, il faut une cuillerée pour chaque tasse.

Supposons ici qu'on veuille faire du thé pour six personnes, dans une théière qui contiendra six tasses. On met six fortes cuillerées de thé dans la théière, on verse de l'eau bouillante dessus, seulement jusqu'au tiers du vase, on ferme la théière, et on laisse infuser pendant cinq minutes. On remplit la théière jusqu'en haut, toujours avec de l'eau bouillante ; on jette l'eau qui a servi à échauffer les tasses, dans lesquelles, après avoir mis du sucre, on verse l'infusion, en ayant soin de n'emplir les tasses qu'à moitié. On remplit de nouveau la théière avec de l'eau bouillante, et avec cette nouvelle infusion on achève de remplir les tasses. On ajoute pour chaque tasse deux cuillerées à bouche de crème froide, ou le double de lait froid et qui n'a pas été bouilli ; la crème est préférable. Enfin, on remplit encore la théière, qui cette fois s'est trouvée vide à peu près de moitié. On la ferme. Le thé finit ainsi de s'infuser, tandis qu'on boit les premières tasses ; et, pour le second tour, la théière se trouve contenir précisément les six tasses dont on a besoin. De cette manière, on fait douze tasses d'infusion égales en force et en goût. Si l'on faisait du thé pour un plus grand nombre de personnes que la théière ne contiendrait de tasses, il faudrait épuiser entièrement l'infusion au premier tour, et lorsqu'il n'en resterait plus, mettre dans la théière à peu près la moitié du thé qu'on avait mis primitivement.

Il est nécessaire surtout que l'eau versée sur les feuilles sèches soit bien bouillante, car de cette chaleur dépend la finesse du bouquet. Le thé préparé avec de l'eau chaude seulement ne se déroule point, et ne donne à l'infusion qu'une teinture légère en goût et en couleur.

Cette précaution est d'ailleurs économique, car l'on comprendra facilement qu'il faut moins de thé pour obtenir une infusion forte avec de l'eau bouillante, qu'il n'en faudrait pour obtenir une infusion semblable avec de l'eau chaude seulement.

Les personnes qui se servent de bouilloires anglaises, dans lesquelles la chaleur est entretenue au moyen de charbon allumé ou d'un fer rouge, doivent avoir le soin de verser d'abord de l'eau bouillante dans la bouilloire, d'y introduire ensuite le fer rouge ou le charbon, et d'attendre quelques minutes avant de se servir de cette eau que le métal a refroidie, mais que le fer ou le charbon porte bientôt à l'ébullition.

Les personnes qui consomment habituellement du thé en France ignorent peut être l'usage qu'elles peuvent faire de ce végétal après l'infusion.

En Angleterre où tous les parquets sont couverts de tapis, on recueille les feuilles de thé qui sortent de la théière, et quand elles sont à moitié séchées, on les sème sur les tapis avant de les balayer. Ces feuilles ainsi employées ont l'avantage, non seulement d'empêcher la poussière de s'élever, mais de nettoyer et d'embellir les tapis dont elles enlèvent les taches en vivifiant les couleurs.

Le thé qu'on doit employer pour faire les infusions doit varier selon l'usage auquel on le destine.

Nous indiquerons ici ces mélanges. Si on veut prendre du thé en infusion, il faut prendre pour le faire un mélange de 22 parties et qui est composé :

1° De 12 parties de thé *souchong souchong* (thé noir) ;
2° De 5 parties de thé *peccò à pointes blanches* (thé noir) ;
3° De 5 parties de thé *hysson* (thé vert).

Si on veut prendre le thé au déjeuner, on fait usage d'un mélange fait avec

10 parties de thé souchong et de
3 parties de thé pecco à pointes blanches.

Le thé doit être conservé dans des boîtes de fer-blanc, ou, ce qui vaut mieux encore, dans des flacons en verre à large ouverture et fermés avec un bouchon en verre (bouché à l'émeri).

On doit le choisir exempt de poussière et ne pas le laisser dans des sacs de papier renfermés dans des armoires avec d'autres produits ; le thé ainsi abandonné absorbe l'odeur des substances avec lesquelles il est en contact, et il perd l'arôme qui lui est particulier.

Quelques personnes communiquent au thé des odeurs qui lui sont étrangères. Ainsi, nous avons vu mêler au thé des fleurs d'oranger sèches, mais les gourmets de thé ne sont point d'avis de semblables mélanges.

Le thé vert doit être choisi terne, on doit rejeter celui qui a été lustré avec du talc et qui est devenu brillant. L'addition du talc est nuisible, en ce sens que quelquefois le thé laisse dans les tasses un sédiment blanchâtre qui n'est pas nuisible à la santé, mais qui inspire du dégoût (1).

Du thé de tilleul. — Dans quelques parties de la France, on prépare avec la fleur du tilleul une infusion des plus agréables et qui est prise en boisson avec plaisir.

On recueille avec soin les fleurs de tilleul, on les fait sécher, on prépare ensuite des infusions avec ces fleurs, en prenant 16 grammes de fleurs de tilleul pour un litre d'eau qu'on verse bouillante sur ces fleurs ; après vingt minutes d'infusion on distribue cet infusé, qui est bu sucré.

Préparation du café. — Plusieurs opérations deviennent nécessaires pour l'obtenir dans le meilleur état possible. Le choix du café en grain, sa torréfaction, son broiement et son infusion demandent des soins particuliers.

Nous n'insisterons pas sur le meilleur choix du café, qui doit être acheté en grains pour n'être pas trompé.

Généralement, on torréfie le café dans un cylindre en tôle bien fermé et qu'on chauffe sur un feu ardent, en le tournant continuellement ; mais la poudre du café ainsi torréfié possède souvent une odeur et une saveur acide très marquée, que l'on attribue à la formation et à la condensation de certains gaz dans le cylindre presque clos, lesquels gaz réagissent sur le café. Il faut donc pratiquer aux cylindres des ouvertures capables de donner une issue suffisante aux vapeurs qui se dégagent pendant la torréfaction. La pratique que suivent les épiciers, en ouvrant de temps en temps la coulisse du cylindre pendant la torréfaction, remédie un peu au mal que nous indiquons ; mais il a pour inconvénient de laisser échapper une partie des principes les plus délicats du café, et c'est là l'inconvénient qu'il faut éviter.

Du sucre en poudre, projeté sur le café pendant la torréfaction, lui conserve son parfum, en le couvrant d'une espèce de vernis qui absorbe les principes volatils et odorans qui se dégagent, soit pendant la torréfaction, soit pendant le refroidissement du café au contact de l'air.

Le broiement doit être effectué, lorsque le café est froid, avec un appareil qui permette d'obtenir une poudre froide d'un grain égal, uniforme et plutôt grosse que fine ; cette dernière condition est de rigueur lorsqu'on veut faire le café avec un appareil domestique connu sous le nom de cafetière hydro-pneumatique de Noremberg, qui est encore le plus simple, le plus économique, et par conséquent le meilleur qu'on ait imaginé jusqu'à ce jour.

Cet appareil se compose d'un ballon inférieur en verre, auquel on superpose un autre vase en forme d'entonnoir et fermé par un couvercle. Ces deux vases sont liés ensemble au moyen d'un bouchon de liège traversé par un tube en verre, dont l'un des bouts plonge au fond du ballon ; l'autre bout est terminé par un filtre en fer-blanc qui est soudé au goulot du vase supérieur.

Pour faire le café, on met de l'eau froide, ou mieux chaude pour opérer plus vite, dans le ballon en verre ; on place par-dessus le vase supérieur où l'on met le café pulvérisé et l'on chauffe le ballon avec une lampe à l'alcool.

Bientôt la vapeur se forme, et, comme elle ne peut pas s'échapper au dehors, elle presse la surface du liquide et le force à s'élever, par le tube plongeur, jusque dans le vase supérieur où se trouve le café pulvérisé. Alors on retire la lampe à alcool de dessous l'appareil ; la vapeur contenue dans le vase inférieur se condense, le vide se forme, et, par l'effet de la pression atmosphérique, le liquide s'y précipite avec force ; il se filtre et se charge à la fois en passant à travers le café qui est retenu par le filtre en fer-blanc.

L'opération se fait promptement, sans difficulté ni embarras : l'infusion, préparée selon les conditions les plus convenables, est très limpide et bien colorée, elle conserve tout l'arôme du café et peut être servie presque bouillante. Pour avoir un café plus fort, on renouvelle l'opération.

Punch. — Il est composé de rhum ou d'eau-de-vie, de suc de limon et d'un peu de noix muscade, de cannelle ou de jus de citron et d'eau bouillante. On remplace aussi le suc de limon par du sirop de gomme, ou tout simplement par du sucre.

Le véritable grog américain n'est pas autre que du punch composé avec une plus grande quantité d'eau bouillante et moins de suc de limon et même sans suc de limon, que l'on remplace par du sucre.

ARTS DE PUR AGRÉMENT.

Dessin, Broderie, Tapisserie, Fleurs artificielles et Ouvrages en perles.

Nous sommes arrivées à la partie la plus agréable de notre travail, et qui se rattache plus spécialement à nos travaux de tous les jours. Aussi, nous ne craindrons pas de nous étendre et de dire tout ce que nous savons, tous les procédés qui nous sont propres, et avec d'autant plus de raison que nous ne froissons les intérêts de personne.

Nous indiquerons d'abord les opérations mécaniques et abrégées qui ont pour but d'aider et faciliter le travail matériel du dessin.

(1) Le choix de la théière n'est pas indifférent, une théière neuve en métal donne la première fois un goût métallique désagréable au thé ; mais quand cette théière a été employée plusieurs fois, elle se recouvre comme d'une espèce de vernis et elle ne présente plus cet inconvénient. Les théières en porcelaine ne communiquent pas de mauvais goût au thé.

MANIÈRE DE CALQUER ET DE REPRODUIRE LES DESSINS SEMBLABLES.

Pour copier des dessins et obtenir des copies égales et semblables aux modèles, on emploie les moyens suivants :

1. Le calque sur du papier frotté de sanguine ou de mine de plomb, sur de la gaze tendue sur un cadre en bois ou en carton, sur des feuilles de papier transparent, voire même sur du parchemin rendu transparent au moyen d'une lessive alcaline ;

2. Le calque à l'aide d'une vitre sur laquelle on applique les dessins et par-dessus une feuille de papier ; on dessine alors en appliquant la glace verticalement au-devant d'une croisée, ou mieux en le posant horizontalement et en l'éclairant par dessous au moyen d'une lampe ou d'une bougie ;

3. Le calque à la vitre, sur laquelle on dessine directement avec un crayon gras lithographique, ou avec de l'encre lithographique et un pinceau ;

4. Le papier préparé, dit *ponce* ou *poncif* ;

5. Les patrons découpés, appelés aussi *caparaçons*.

Pour copier des dessins inégaux et semblables on emploie, savoir :

Les *réseaux géométriques* appelés *treillis* ; la *glace* ou la *gaze verticale* ; le *pantographe linéaire* ; la chambre obscure ; la lanterne magique ; la chambre claire ; le diagraphe ; les machines de MM. Burnier, Rouget de Lisle, Gallet et autres dont on trouve la description abrégée dans le Bulletin de la Société d'encouragement (octobre 1833, page 320).

Mais, avant d'aller plus avant, nous croyons devoir dire que ces divers procédés et instrumens présentent des résultats bien différens sous le triple point de vue de la sûreté, de la simplicité et de l'économie de la main-d'œuvre.

Ainsi, les *réseaux linéaires* exposent le dessinateur à des tâtonnemens pénibles, et par conséquent à des chances d'erreurs.

Le *pantographe* est embarrassant et difficile à faire manœuvrer.

La *chambre claire* est facile à transporter, mais elle exige une étude toute spéciale et souvent répétée pour la mettre en usage.

Le *diagraphe* présente cet inconvénient grave de laisser voir les objets dans le sens direct et vertical, tandis que la main trace l'esquisse sur un plan horizontal et dans le sens inverse.

La glace et la gaze mises dans un cadre posé verticalement, quoique d'un usage très ancien, sont encore les instrumens les plus simples, les plus économiques et les plus parfaits qu'on ait imaginés jusqu'à ce jour. A l'aide de ces deux instrumens, on peut dessiner sans peine et sans tâtonnement toute espèce d'objets, voire même les ombres et les couleurs elles-mêmes. Ils sont peut-être d'un usage un peu fatigant, à cause de la nécessité où se trouve l'artiste de dessiner sur un plan vertical et parallèle à l'objet. Toutefois, les personnes qui veulent copier des dessins tracés sur du papier peuvent avoir un cadre garni d'un verre ou d'une glace mince et polie, qui s'incline à tel degré qu'on veut, de manière que la lumière frappe dessus (voir Album de 1845, planche 1re).

Ce cadre peut être posé horizontalement, soit sur une table qui a une ouverture plus petite que la glace, soit sur deux tréteaux en bois, soit enfin sur un métier à broder ; on met, au besoin, une bougie ou une lampe au-dessous de la glace, afin d'éclairer le dessin et le papier qui est posé dessus.

Comme nous l'avons dit, on dessine sur la glace elle-même, que l'on a soin de bien essuyer, avec un crayon lithographique ; on transporte ensuite le dessin dans un sens inverse, sur une feuille de papier légèrement humide, en le frottant avec une brosse, une molette ou un plioir en bois. L'on dessine de même sur la gaze avec un fusain, comme nous le disons plus loin.

Quant aux moyens très connus de calquer, soit au moyen du papier frotté de sanguine, de mine de plomb ou de noir de fumée, ou du papier transparent, végétal, huilé, verni ou fait avec de la gélatine, nous ne pouvons rien y ajouter de neuf et de plus instructif que ce que tout le monde connaît. Nous donnerons seulement la manière de préparer le *papier verni*.

Papier à décalquer. — Enduisez d'un côté une feuille de papier blanc non collé avec du suif ou de la cire chaude ; le suif donne plus de moelleux ; la cire rend plus cassant. Exposez cette feuille sur une plaque échauffée et recouverte d'un papier gris sans colle, essuyez ensuite cette feuille. Appliquez une seule couche de vernis composé de colophane et de térébenthine de Venise à doses égales, dégraissez ensuite la surface du papier, lorsqu'il est sec, avec de l'alcool, de la mie de pain ou de la craie.

Autre procédé. — Étendez plusieurs couches de baume de copahu, qu'on achète chez le pharmacien, mises à la main sur du papier non collé que vous déposez sur une plaque assez chaude pour faire évaporer la partie volatile du baume de copahu.

On peut, auparavant, enduire le papier d'un mélange de cire ou de blanc de baleine et de saindoux. On dégraisse à la farine de seigle.

Manière de calquer au moyen d'une gaze transparente. — L'on tend et colle, sur un cadre en bois ou en carton enduit de plusieurs couches d'huile de lin siccative, de la mousseline claire et transparente, de la gaze de soie ou mieux de la toile à bluttoir ; l'on pose cette gaze sur le dessin à calquer, en collant celui-ci avec de la colle à bouche ou des pains à cacheter. On trace seulement les contours et les traits de force avec de la craie tendre, du fusain, ou avec un crayon de pastel très tendre. On reporte ensuite le calque sur une feuille de papier, soit dans le sens direct, soit dans le sens contraire, en tapotant la gaze avec le doigt ; ce simple ébranlement fait traverser et tomber le fusain sur le papier, et le dessin est marqué suffisamment. On le passe ensuite à l'encre avec une plume ou un pinceau.

Manière d'obtenir simultanément deux calques d'un dessin, l'un dans le sens direct, et l'autre dans le sens inverse. — Prenez une feuille de papier mince et unie, comme celle dite *serpente*, et posez-la sur une feuille de zinc bien plane et bien propre, incorporez avec du saindoux un peu d'essence de térébenthine très pure, du bleu de Prusse et du noir de fumée en suffisante quantité pour colorer, et broyez le tout avec une molette sur une glace. Étendez avec précaution cette composition sur les deux côtés de la feuille de papier avec une éponge, de manière à former une couche légère et uniforme et laissez sécher jusqu'au lendemain. Vous frottez ensuite la feuille noircie avec du papier joseph non collé, que vous renouvelez souvent, jusqu'à ce qu'elle ne le tache plus.

Vous placez cette feuille noircie entre deux feuilles de papier blanc, deux morceaux de mousseline, de taffetas, de satin ou de tout autre tissu lisse sur lequel vous voulez dessiner : vous posez ensuite par-dessus le dessin *à calquer*, et vous fixez le tout sur une feuille de zinc ou sur une glace bien unie, à l'aide de poids très pesans. Cela fait, vous suivez les contours du dessin avec un poinçon émoussé, fait avec un fil de plomb étiré ou avec un crayon de mine de plomb très dur. Alors, le dessin se trouve reproduit sur les deux feuilles de papier blanc par le frottement du crayon en qui y fait adhérer le noir.

Manière de calquer toutes sortes de plantes, de feuilles, de pétales, etc. — Placez entre deux feuilles de papier noirci, comme nous l'avons indiqué ci-dessus, la feuille ou le pétale dont vous désirez l'empreinte, recouvrez le tout d'abord avec une feuille de papier serpente, ensuite avec un châssis garni de taffetas gommé, et frottez fortement et long-temps avec un couteau en bois dur. Par ce moyen, les nervures se trouveront calquées sur le papier serpente.

Manière expéditive d'obtenir une ou plusieurs copies d'un dessin au moyen d'un ponsis ou d'un patron découpé à jour. — Il faut préparer le *ponsis* de manière suivante.

On choisit une feuille de papier collé, mince et très résistante (1). On trace ou calque le dessin sur cette feuille de papier par les procédés ordinaires, bien horizontale et recouverte d'un carton garni d'une couverture de laine douce, ou d'un morceau de drap plié en double. On fixe la feuille de papier dessinée avec de fortes aiguilles ayant une tête de cire, que l'on pique dans le carton, observant de placer, au besoin, sous le dessin, deux ou trois feuilles de papier de la même qualité et de la grandeur convenable, suivant le nombre d'exemplaires que l'on veut avoir.

Cela fait, on pique avec une aiguille à coudre fine, ayant une large tête de cire, tous les traits du dessin, surtout les sommets des angles et les extrémités des lignes. Il faut éviter surtout de piquer deux fois dans le même point ou à côté d'un trou et en dehors des contours. L'aiguille doit être tenue d'aplomb et perpendiculairement sur le papier, le doigt index appuyé sur la tête de l'aiguille. Nous ferons remarquer aussi que plus les traits du dessin sont petits et délicats, plus les trous des piqûres doivent être petits et rapprochés les uns des autres.

Lorsque le dessin est entièrement piqué, on enlève les barbes, faites à l'envers du papier par les piqûres de l'aiguille, en les frottant doucement avec une pierre ponce bien unie.

Si le dessin présente des *répétitions* ou *similitudes* égales à la moitié ou au quart de sa surface, on plie le papier qu'on veut piquer en deux ou en quatre parties égales, et on le pique seulement par moitié ou par quart, de manière que les plis forment les lignes de jonction ou de raccord.

Pour piquer en même temps les deux côtés d'un […], on plie le papier sur lui-même, de manière à former un triangle rectangle ; on pique ensuite en suivant la ligne qui forme avec le pli du papier un angle de 45 degrés.

Les autres objets nécessaires sont :

1° Une poncette (pl. 2, fig. 12) formée d'un feutre gris très fin et roulé fortement sur lui-même, en forme de cylindre ; on pique des épingles perpendiculairement sur sa hauteur pour arrêter le bout. A défaut de feutre on prend de la peau de buffle d'une moyenne épaisseur, très souple, et qui est peut-être d'un meilleur emploi (1).

2° Du charbon, du crayon noir, de la craie, du blanc de plomb, du bitume, réduits en poudre très fine et très sèche et des poudres résineuses, colorées diversement, dont nous donnons ci-dessous la composition.

3° Une glace très unie et une molette en verre pour broyer les poudres (fig. 10 et 11).

Voici le moyen pratique de répéter ou de multiplier les copies d'un dessin piqué.

(1) Le papier végétal serait excellent pour cet objet, mais il est trop cher. A son défaut, on emploie du papier mince connu, dans le commerce, sous le nom de papier *bull*.

(1) On se sert aussi d'un sachet, ou petit sac de toile peu serrée (planche 2, fig. 10), dans lequel on renferme ces poudres. […] on passe […] toute la surface des piqûres en tappant légèrement afin de faire sortir la poudre.

On le pose d'aplomb sur la partie que l'on veut dessiner, et on le fixe avec des épingles ou des pupitres lourds. On frotte légèrement la poncette sur la glace recouverte d'une poudre de charbon, de craie, de crayon noir et de toute autre couleur tranchante avec le fond de la surface à dessiner; on la repasse avec précaution sur toute la surface du poncis en décrivant de petits cercles. La poudre qui se détache de la poncette passe à travers les trous, et se fixe sur la surface de l'objet en formant une suite de petits points colorés, et correspondant aux piqûres du *poncis*. Pour reconnaître si tous les traits du dessin sont bien marqués, on soulève d'une main le poncif, en ayant soin de le presser de l'autre main; puis on recommence à promener la poncette comme précédemment, s'il y a lieu.

Lorsque le dessin est terminé, on enlève légèrement le poncif sans le frotter, et on souffle dessus pour enlever la couche de poudre qui le couvre et pour dégager les trous. Cela fait, on rajuste délicatement le poncif sur une autre partie de l'objet, que l'on détermine et marque d'avance par des lignes ponctuées, comme nous l'avons indiqué dans les planches 13 à 16, et l'on recommence l'opération du *ponçage*. S'il s'agit de répéter uniformément le même dessin, en observant des distances et des rapprochemens que l'œil ne saurait reconnaître on y juxtapose bien exactement le poncif, en le piquant à la distance convenable, avec deux aiguilles plantées perpendiculairement sur un morceau de bois blanc; l'on applique aussitôt les aiguilles aux endroits où le raccord doit commencer.

On comprend aisément que les traits du dessin poncé peuvent être enlevés facilement par le frottement d'un corps quelconque, et par le vent même que l'on souffle avec la bouche; du reste, cette propriété est utilisée pour opérer des changemens ou additions dans certains détails du dessin. L'on fixe, cependant, les traits obtenus avec une poudre résineuse, en promenant le dessin au-dessus d'un brasier très ardent, ou en le repassant avec un fer à repasser très chaud. La chaleur fait fondre la résine qui adhère fortement au papier ou à l'étoffe; et, pour l'enlever, on est obligé d'employer un lessivage au savon.

L'alcool et l'essence de térébenthine chauffés enlèvent très bien le dessin fixé sur le papier.

COMPOSITION DE LA POUDRE RÉSINEUSE A PONCER.

Noir pour l'impression des tulles. — 3 parties de bitume de Judée; 7 parties de gomme copal; un peu de noir animal pour colorer.

Noir pour imprimer sur la mousseline. — 9 parties de gomme copal; 1 partie de sandaraque; noir animal pour colorer.

Bleu. — Sandaraque avec un peu d'indigo pour colorer.

Autre bleu. — 9 parties de copal; 1 partie de mastic en larme; indigo pour colorer.

Blanc. — 9 parties de colophane; 1 partie de gomme copal; blanc de plomb pour former la teinte blanche.

L'on fait fondre ces ingrédiens pulvérisés dans un vase de terre sur un feu très ardent, en ayant soin de ne les projeter que peu à peu, et au fur et à mesure de la fusion.

Manière de faire les patrons découpés ou imprimures. — Vous mettez sur une feuille de zinc ou sur une glace, une feuille de beau papier à dessiner fort, de la grandeur convenable, non collé et cylindré; vous enduisez les deux côtés avec de l'huile de lin, rendue siccative par la litharge (1) au moyen d'une éponge ou d'un pinceau dit queue de morue, et on les laisse sécher.

On fait aussi des imprimures avec du papier verni, avec des feuilles d'étain mince, ou du parchemin que l'on tend et colle sur un cadre de bois. Ces deux dernières manières de faire les imprimures sont employées principalement pour enluminer les cartes à jouer.

Manière de découper les patrons. — Vous coupez une feuille de papier préparé à peu près du double de la grandeur du dessin que vous voulez faire; vous calquez dessus tous les principaux contours du sujet, comme si vous vouliez exécuter un *poncif*. Vous posez votre feuille de papier bien horizontalement sur une planchette de bois blanc, dont la surface est bien unie au rabot, ou sur une feuille de carton laminé, ou sur une glace bien dressée, et vous la fixez avec des poids très pesans ou avec de la cire molle.

Ensuite, à l'aide d'un canif ou de tout autre outil tranchant, vous découpez et enlevez tous les traits noirs, en observant de laisser de distance en distance de petits morceaux de papier pour soutenir le dessin. Vous tiendrez aussi la pointe de l'outil plutôt droite que penchée, et vous appuierez assez fortement pour couper net du premier coup.

Au lieu d'un canif, on peut encore employer avec plus d'avantage un petit poinçon dont la pointe est taillée à angle vif, et on s'en sert alors comme d'un découpoir; par ce moyen on fait un *véritable poncif* dont les contours sont continus et à angles vifs. Du reste, les *imprimures* ne sont actuellement en usage que pour l'enluminure des cartes à jouer, la reproduction des dessins tels que ceux qui sont destinés pour la broderie sur étoffe, les estampilles, vignettes pour affiches, etc., et principalement pour la peinture orientale.

Manière d'employer les patrons découpés. — On place le *patron* sur la partie que l'on veut imprimer (2) et on le fixe avec des poids, ou au moyen des pointes posées à demeure sur la table à dessiner, puis on prend une forte brosse (3) que l'on trempe dans une encre liquide et gommée, on la frotte sur un garde-main pour voir si elle n'est pas trop mouillée, en ayant soin de la tenir bien droite et de tourner avec vitesse. Lorsqu'on s'est bien assuré de son effet, on le pose sur le patron en frottant et décrivant toujours de petits cercles comme on le fait quand on délaie des couleurs dans une soucoupe. Lorsque la brosse n'a plus de couleur, ce dont on s'aperçoit parce qu'elle ne salit plus assez fortement le patron, on en reprend de nouvelle, et on l'applique sur les autres parties du dessin, et ainsi de suite jusqu'à son entier achèvement. On voit si l'opération s'exécute bien en soulevant de temps en temps le patron.

Si l'encre s'*écrète* et salit le dessous du patron, on peut conclure de là qu'il y avait trop d'encre dans la brosse et que l'on a frotté avec trop de vigueur et de vitesse surtout. Dans tous les cas, il faut bien essuyer le patron avec un linge avant de commencer.

Toutes couleurs employées pour la peinture à l'aquarelle ou la gouache, ou à l'huile, peuvent servir. Toutefois, on ajoute aux couleurs à l'huile, pour les rendre plus liquides, plus ou moins d'essence de térébenthine, suivant le dessin et la nature du principe colorant.

Moyen de copier un dessin de dentelle. — Vous attacherez la dentelle bien droite et bien tendue sur du parchemin vert, posé sur un carton. Pour cela, vous ficherez des épingles de place en place sur les deux bords opposés de la dentelle; vous prenez une aiguille très forte, ou plutôt un poinçon, et vous piquez dans tous les réseaux de la dentelle, comme un poncif, en évitant de piquer au milieu des fleurs.

Si, au lieu d'une dentelle, c'est un dessin tout piqué que vous avez fixé sur le parchemin, vous opérerez de même. Prenez bien garde, quand vous avancerez la dentelle pour reprendre le dessin, de piquer parallèlement aux derniers trous.

Le dessin piqué, vous ôtez le modèle et suivez à l'encre toutes les parties non piquées, regardant bien le modèle pour tracer les fleurs bien parallèles. Ce dessin sert de modèle pour la dentelle que l'on veut faire, soit en guipure soit au point de reprise sur du filet, de la gaze, de la mousseline à larges mailles. (Voir les dessins, planches 19 et 20.)

Autre procédé. — On prend un morceau de dentelle que l'on colle avec de la gomme sur un morceau de carton fort, en ayant soin de l'étirer dans tous les sens. La dentelle étant tendue bien uniformément, on applique dessus un papier très mince frotté d'un côté avec un corps gras coloré en noir ou en rouge (voir page 20, 3e col.) que l'on place au dessus. Puis on couvre le tout d'un papier blanc, dit serpente ou pelure, et, par-dessus le châssis garni de taffetas, que nous avons décrit plus haut. Ensuite, à l'aide d'une légère pression ou par le simple frottement d'une roulette, on reproduit l'empreinte de la dentelle sur le papier blanc.

Manière de composer un dessin. — L'on trace avec un crayon de sanguine, ou blanc, ou noir, et à l'aide de la règle et du compas, les formes et les dimensions extrêmes du dessin; puis on esquisse, c'est-à-dire on indique par des traits au fusain l'ensemble ou l'idée générale du dessin, sans tâtonnement et sans crainte d'effacer. La composition étant arrêtée, on efface avec de l'amadou tout le fusain inutile; et s'il s'agit de répéter symétriquement la même composition, on replie convenablement la feuille sur elle-même et on la frotte à l'envers avec l'ongle ou un grattoir; alors les traits au fusain s'impriment sur la partie correspondante du papier. Ensuite, on commence à dessiner les traits au pinceau ou à la plume et à l'encre, en ayant soin de dessiner avec la plus grande régularité et le plus de finesse possible, si le dessin est destiné à être colorié. Les contours des modèles pour les tapisseries à l'aiguille, au contraire, sont dessinés au trait plus ou moins fort et noir, de manière à bien faire sentir les ombres ou les lumières. Les lignes du côté qui reçoit la lumière sont fines; celles du côté qui en est privé sont plus grosses, et cette grosseur est plus ou moins forte, selon le plus ou moins de relief que l'on veut donner à l'objet.

Généralement on suppose que la lumière part de l'angle supérieur à gauche du dessin, et forme avec sa base un angle égal à la moitié d'un angle droit. On considère de plus que la lumière est formée de plusieurs rayons qui se propagent en lignes droites et parallèles. Il résulte donc que les parties qui se trouvent dans l'ombre sont celles que les rayons lumineux ne peuvent atteindre.

Mais, dans les dessins pour tapis, mosaïques et généralement pour tous les objets que l'on pose horizontalement et sous les pieds, il convient de faire partir les rayons lumineux du centre de l'objet; autrement le dessin est nuageux et sans vigueur.

Lorsque l'esquisse est terminée, on applique les ombres et les demi-teintes, de sorte que celles-ci se confondent bien ensemble, pourtant sans se confondre ni se mêler, ce qui nuirait à la beauté et à l'effet général du dessin. Il faut, autant que possible, poser du premier coup les teintes convenables, et n'être pas obligé de les augmenter ou de les diminuer, afin de ne point altérer leur pureté et d'éviter aussi les pertes de temps. Il faut observer aussi de placer sur les endroits culminans ou creux et privés de lumière, des teintes

(1) On achète l'huile de lin cuite et les pinceaux chez les épiciers et les marchands de couleurs.

(2) Pour que le papier ou l'étoffe à dessiner ne se dérange pas, on place dessous un carton recouvert d'une feuille de papier de verre.

(3) Cette brosse, que l'on vend chez tous les marchands de couleurs, est en soies de porc, carrées par le haut et montées dans des tubes en fer-blanc dans lesquels elles sont fixées par une forte ligature.

plus ou moins sombres, tandis que les points culminans ou creux et éclairés seront plus lumineux et plus brillans; enfin, comme les corps opaques projettent toujours une ombre sur une surface quelconque, on l'indique par une teinte sombre et distincte directement opposée à la lumière qui l'a produite; cette teinte, toutefois, ne doit pas être absolument noire, parce que l'ombre ne produit jamais le noir proprement dit.

Pratique du dessin pour la broderie et la tapisserie. — Les dessins de broderie sont de plusieurs espèces et composés par des dessinateurs spéciaux. On les reproduit même par des procédés différens, selon la nature de l'étoffe.

Ainsi, pour reproduire un dessin, soit sur une étoffe légère, comme de la mousseline, de la gaze, du satin, du gros de Naples, soit une étoffe très lisse, telle que le stoff, la bombazine, le lasting, soit enfin sur le drap, le casimir et la flanelle, on emploie généralement le poncis et la poudre résineuse que l'on fixe en promenant un fer chaud sur l'étoffe; mais, pour les dessins destinés à être brodés par les dames, on trace le dessin, après qu'il a été poncé, avec une plume et une encre composée de gomme arabique, d'un peu de sucre et de fiel de bœuf. On use la pointe et les côtés de la plume avec une pierre ponce, afin de faciliter l'écoulement de l'encre.

Lorsqu'on veut tracer un dessin sur le canevas, on place dessous le dessin fait nécessairement sur le papier selon la grandeur voulue; puis on suit avec un pinceau et une encre colorée en noir ou en bistre (1) tous les contours du dessin vus et apparens à travers les carreaux ou mailles du canevas; on *couche* ensuite avec une brosse en poils de sanglier, coupés courts, en ayant soin de passer la couleur avec un petit *pinceau de peintre* que l'on tient entre les doigts. On conçoit aisément que cette manière de dessiner exige du temps, de la patience et une bonne vue; du reste, il n'est pas toujours facile de voir le dessin à travers les mailles d'un canevas, fin, à la lumière surtout. Dans tous les cas, on peut toujours employer avec un grand avantage l'instrument qui est décrit dans l'Album de 1845 (page 5, 1re colonne, § 5). Il dispense d'employer le double tracé du calque et du décalque, le poncis, ou tout autre procédé préliminaire.

Moyen de former ou tracer une bordure en coin. — Il suffit de placer une glace étamée perpendiculairement sur la bordure qu'on veut former en coin, de manière que l'œil aperçoive l'image réfléchie par la glace et formant un coin régulier. Le dessin placé en avant de la glace et coupé par elle est la partie qu'il faut répéter en sens inverse pour former le coin régulier. L'on répète de même soit un coin pour former un carré, soit la moitié d'un carré pour former un carré régulier, etc.

(1) L'encre lithographique ou autographique est excellente pour cet objet.

Enluminure des dessins pour la broderie en couleurs nuancées. — La condition essentielle que doit remplir un dessin enluminé est que la forme des objets soit élégante et vraie, que les détails se présentent aux yeux sans confusion, et pourtant sans crudité, avec des couleurs vives et le plus contrastées possible, afin que les détails des objets soient plus distincts, et que les lumières et les ombres soient plus visibles. Or, pour bien enluminer un dessin de broderie et pour imiter par la broderie un objet colorié, il suffit d'employer le mélange des couleurs qui sont indiquées dans l'album de 1845, pages 6 et suivantes.

Moyen de composer des dessins pour la tapisserie à points comptés sur un papier quadrillé. — On trace ou calque tous les contours du dessin sur le papier *quadrillé*, et on les indique par des traits au crayon de mine de plomb, peu marqués, qui doivent disparaître sous la couleur.

On assortit les couleurs convenables pour imiter l'objet que le dessin représente, et de telle sorte que toutes les teintes soient vues distinctement. On passe les teintes les unes après les autres, avec un pinceau de martre, en ayant soin qu'elles remplissent exactement les carreaux qui circonscrivent les contours du dessin. Les teintes sont posées avec hardiesse et sans repasser plusieurs fois sur le même endroit; c'est le seul moyen de conserver leur éclat et leur fraîcheur.

Quant au mode de reproduire ce dessin par la tapisserie, il est indiqué suffisamment dans l'album de 1845, et nous n'y reviendrons plus.

Du reste, pour faciliter l'étude et la composition des dessins de tapisserie sur le *papier-canevas* ou sur le papier ordinaire, nous joignons à cette notice plusieurs modèles (planches [illegible] à [illegible]) que l'on peut reproduire très facilement.

PROCÉDÉ DE PEINTURE DES TABLEAUX POUR DIORAMAS.

(INVENTÉ PAR M. DAGUERRE.)

La toile doit être peinte à deux effets, c'est-à-dire avec deux effets différens, éclairés alternativement par-devant et par-derrière. Dans cette vue on choisit un tissu très transparent et le plus égal possible. On peut employer de la percale ou du calicot pour l'exécution des grands tableaux. Il est nécessaire de choisir l'étoffe d'une grande largeur, afin d'avoir le plus petit nombre possible de coutures, qui sont toujours difficiles à dissimuler, surtout dans les grandes lumières du tableau.

La toile est tendue sur un châssis en bois, et on lui donne de chaque côté deux couches de colle de parchemin au moins. Le premier effet, qui doit être le plus clair, s'exécute sur le devant de la toile. On trace d'abord le dessin avec de la mine de plomb (1), en ayant soin de ne pas salir la toile dont la blancheur est la seule ressource que l'on ait pour donner les lumières au tableau. Les couleurs transparentes, dont on fait usage, sont broyées à l'huile, mais employées sur la toile avec de l'essence à laquelle on ajoute un peu d'huile grasse, seulement pour les vigueurs; du reste, on peut le vernir sans inconvénient. Les moyens que l'on emploie pour cette peinture ressemblent entièrement à ceux de l'aquarelle, avec cette seule différence que les couleurs sont broyées à l'huile au lieu de gomme, et étendues avec de l'essence au lieu d'eau. Nous ferons observer qu'on ne peut employer ni blanc de plomb, ni aucune couleur opaque quelconque mises par épaisseur, qui produiraient, quand on éclairerait le second effet peint par-derrière, des taches plus ou moins teintées, selon leur plus ou moins d'opacité. Il faut tâcher surtout d'accuser les vigueurs du premier coup, afin de détruire le moins possible la transparence de la toile.

Le second effet est peint derrière la toile, que l'on place devant une croisée bien éclairée. Par ce moyen, on aperçoit, par transparence, les formes et les couleurs du premier effet; ces formes doivent être conservées ou annulées.

On glace d'abord, sur toute la surface de la toile, une couche de blanc de plomb le plus pur, broyé à l'huile et détrempé avec de l'essence. On efface les traces de la brosse au moyen d'un blaireau. Avec cette couche de blanc, on peut dissimuler un peu les coutures, en ayant soin de la mettre plus légère sur les lisières, dont la transparence est toujours moindre que celle du reste de la toile. Lorsque cette couche est sèche, on trace les changemens que l'on veut faire au premier effet.

Dans l'exécution du second effet, on ne s'occupe que de modeler en blanc et en noir, sans s'inquiéter des couleurs du premier tableau, qui s'aperçoivent par transparence. Le modelé s'obtient au moyen d'une teinte dont le blanc est la base, et dans laquelle on met une petite quantité de noir de pêche, on obtient un gris dont on détermine le degré d'intensité en l'appliquant sur la couche de derrière et en regardant par-devant pour s'assurer qu'elle ne s'aperçoit pas. On obtient alors la dégradation des teintes par le plus ou moins d'opacité de cette teinte.

Il arrivera que les ombres du premier effet viendront gêner l'exécution du second. Pour remédier à cet inconvénient, et pour dissimuler ces ombres, on peut en raccorder la valeur au moyen de la teinte employée plus ou moins épaisse, selon le plus ou le moins de vigueur des ombres que l'on veut détruire.

On conçoit qu'il est nécessaire de pousser ce second effet à la plus grande vigueur, parce qu'il peut arriver que l'on ait besoin de clairs à l'endroit où se trouvent des vigueurs dans le premier.

(1) Le crayon [illegible] à dessiner ou le fusain nous semblent meilleurs.

Lorsqu'on a modelé cette peinture, avec cette différence d'opacité de teinte, et qu'on a obtenu l'effet désiré, on peut alors la colorer en se servant des couleurs les plus transparentes, broyées à l'huile. C'est encore une aquarelle qu'il faut faire; mais il faut employer moins d'essence dans ces glacis, qui ne deviennent puissans qu'autant qu'on y revient à plusieurs reprises et qu'on emploie plus d'huile grasse. Cependant, pour les colorations très légères, l'essence seule suffit pour étendre les couleurs.

Éclairage. — L'effet qui est peint sur le devant de la toile, et qui doit être vu directement, est éclairé par la lumière qui vient d'en haut. Le tableau peint par derrière, qui doit être vu par transparence, est éclairé par des croisées verticales, et qui sont fermées lorsqu'on voit le premier tableau seulement.

Ce procédé de peinture peut être employé pour faire des stores, de petits écrans à main, des sujets pour la lanterne magique, la fantasmagorie; il suffit alors de tendre de la mousseline, de la tarlatane ou de la gaze, sur une carcasse en fil de fer, de la grandeur et de la forme convenables.

PEINTURE DES STORES ET DES ÉCRANS TRANSPARENS.

Sur la mousseline. — Vous bordez le pourtour de la mousseline sur laquelle vous voulez peindre avec un ruban de fil cousu à point de surjet, et vous la tendez, après l'avoir mouillée, sur un cadre ou un grand métier à broder.

D'abord, vous avez fait tremper de la gomme adragante coupée en morceaux dans de l'eau pendant 12 heures; elle se gonfle et absorbe entièrement l'eau.

Vous y ajoutez encore une certaine quantité d'eau et vous la faites chauffer pour obtenir une dissolution parfaite et qui soit un peu claire. Vous retirez la dissolution de dessus le feu pour la faire tiédir, et, avant qu'elle soit prise en gelée, vous en appliquerez une couche sur la mousseline avec un pinceau dit queue de morue. Vous laissez sécher la mousseline.

On emploie aussi, pour encoller la mousseline, de la gélatine ou de la colle de poisson qu'on fait tremper dans de l'eau, comme la gomme adragante, pendant douze heures, après l'avoir battue avec un marteau. Lorsque la colle de poisson est gonflée, on la pile dans un mortier et on la réduit en une gelée transparente qui se fond facilement. L'encollage à la colle de poisson est le meilleur et le plus cher.

Lorsque la mousseline est sèche, vous esquissez dessus votre dessin avec un fusain, ou vous l'imprimez par le procédé de l'imprimure que nous avons indiqué plus haut. Vous ajustez ensuite votre châssis, perpendiculairement devant une croisée, de façon que la lumière frappe dessus directement, et vous peignez à la manière des artistes peintres.

Les couleurs le plus ordinairement employées pour ce genre de peinture sont : le carmin, les laques, la gomme gutte, le bleu de Prusse et généralement toutes couleurs transparentes soit en pierre, soit en poudre. On les broie avec une quantité suffisante d'essence de térébenthine et même avec un peu de vernis copal, le plus blanc possible ; on pose les différentes teintes les unes après les autres, c'est-à-dire on pose les teintes claires d'abord, et on les laisse sécher. Puis, lorsqu'elles sont sèches, on revient dessus pour faire les demi-teintes ; celles-ci étant sèches, on repeint dessus, et ainsi de suite, jusqu'à ce que la peinture soit achevée.

L'on peint aussi sur mousseline avec des couleurs de gouache ; et ce genre est le plus usité en Chine, d'où nous retirons une grande quantité d'écrans qui sont du reste fort laids et peu solides.

Sur soie. — Généralement on n'encolle pas la soie, pour ne pas lui enlever le brillant ; on peint dessus, lorsqu'elle est bien tendue sur un cadre, soit avec des couleurs de gouache qu'on gomme un peu plus, et qu'on pose sans épaisseur, soit avec des couleurs transparentes broyées à l'eau gommée avec un peu de fiel de bœuf purifié ou avec de la dextrine et de l'alcool, soit avec des couleurs broyées à l'huile et délayées avec de l'huile grasse et de l'essence de térébenthine.

MÉTIERS ET USTENSILES NÉCESSAIRES POUR LA BRODERIE, LA TAPISSERIE ET LE TRICOT. (PL. 2.)

La simple inspection des dessins suffit pour faire bien comprendre la manœuvre et l'emploi des ustensiles qu'ils représentent.

L'on voit (fig. 1) le joli rouet que M. Tachy-Bean, fort habile fabricant de tapisserie, a perfectionné, et qui peut servir avec un grand avantage à dévider les fils de coton, de laine, de soie, les cordonnets, etc., sur une bobine (fig. 5).

Fig. 2. Dévidoir ordinaire, disposé pour recevoir l'écheveau qu'on place sur le pourtour, l'on dévide le fil, les soies et le cordonnet à broder, soit sur une bobine en bois tenue à la main à l'aide d'un poinçon qui la traverse dans toute sa longueur (fig. 4), soit sur une carte (fig. 6). La soie plate et lâche, dite *de Chine*, pour la tapisserie est dévidée sur une étoile en papier (fig. 6) ou sur une planchette en bois découpé (fig. 7). Généralement la laine floche ou tapisserie n'est pas dévidée, on se contente, pour lui conserver son élasticité, de couper la circonférence de l'écheveau avec une paire de ciseaux, et on l'enveloppe dans toute sa longueur avec une feuille de papier (voir pl. 1, fig. 3). Pour diminuer la longueur de l'écheveau, qui est embarrassant et difficile à loger, on le natte (pl. 1, fig. 4) ; mais, à notre avis, on peut dévider très mollement la laine sur une bobine sans un grand inconvénient et sans altérer sensiblement son élasticité. Pour cela, on dévide le fil en l'abandonnant à lui-même, c'est-à-dire en ne le pressant pas entre les doigts de la main gauche, comme on le fait aujourd'hui pour dévider le fil. On tourne la bobine, en lui faisant décrire de petits cercles à l'aide du poinçon qu'on tient dans la main droite (fig. 4). Le fil est soutenu seulement, et non pressé entre le doigt *index* et le pouce de la main gauche.

On conçoit que ce mode de dévidage est plus commode. Il permet, du moins, d'enfiler plusieurs bobines sur une même corde, qu'on noue et suspend de chaque côté du métier à broder ou au dossier d'une chaise (fig. 5). Sous le rapport de la commodité, ce mode de dévidage mérite donc d'être employé.

Fig. 8 à 12. Aiguilles pour piquer les dessins, poncette et manière d'employer les poudres à poncer les dessins de broderie.

Fig. 13. Métier ou tambour à mettre sur les genoux, pour broder sur la mousseline ou autre étoffe. Il est composé d'un cercle D en bois d'éclisse, sur lequel on tend l'étoffe E que l'on attache alentour au moyen d'une sangle ou courroie F. Le cercle D est fixé sur deux montants verticaux C, C, au moyen de deux vis à tête, de manière qu'il peut s'incliner sous tel angle que l'on veut. Au bout de la tablette d'en bas A, sont fixées deux boîtes B avec un couvercle, pour serrer les bobines, les ciseaux et autres outils. Sur la tablette A est un troisième montant G, traversé par une broche en fer H qui supporte la bobine de coton ou d'or quand on travaille. Ce tambour sert aussi pour faire la broderie avec le crochet (fig. 18).

Fig. 14. Tambour antique en éclisse ou fait tout simplement avec un cercle de tonneau, dont le pourtour est garni d'une lisière en drap ; on coud un galon de fil fort sur le pourtour de l'étoffe, à points de surjet, on tend l'étoffe à l'aide d'une ficelle qu'on faufile et lace autour du cercle.

Fig. 16. Petit métier à pied pour broder sur les genoux.

Fig. 15 et 17. Métiers modernes, sur lesquels l'étoffe ou le canevas est attaché pour être brodé.

Fig. 19 à 24. Paillettes rondes, ovales et en cœur, et de grandeur naturelle, en nacre, jais, or, argent, acier, verre, etc. Elles sont percées de trous au travers desquels on passe l'aiguille pour les coudre sur l'étoffe, avec des points de contour appelés *points de frisure* ou *de bouillon*. On place ces paillettes et les bouillons sur un petit coussin (fig. 26), recouvert en cuir, qu'on nomme *tas*.

Les fig. 25 et 25 A représentent la manière de coudre les paillettes. On enfile une paillette avec une très fine aiguillée de soie cirée (de la couleur de la paillette), après avoir arrêté un premier point dans l'étoffe. On fait couler la paillette le long de son aiguillée jusque sur l'étoffe ; l'on pique son aiguille dans l'étoffe, on la tire de l'autre main en dessous, et on la ramène tout de suite en dessus, à la distance d'une demi-paillette ; puis, on en enfile une seconde, on pique son aiguille dans le trou de la première paillette, on retire son aiguille en dessous, ce qui fait qu'on recouvre la moitié de la première paillette par la moitié de la seconde, et ainsi de suite.

Fig. 27 à 36. Métier et outils pour la tapisserie à l'instar des Gobelins.

Fig. 37 à 39. Manière de placer le fil sur le crochet pour le *tricoter*. (Voir page 25, 3e col.)

Fig. 40 à 41. Manière de faire le tricot dit aux baguettes. (Voir page 24, 4e col.)

TAPISSERIE A L'INSTAR DE CELLE DES GOBELINS.

Le travail consiste à imiter un dessin colorié, et même un tableau avec des fils de laine nommés *brins*, teints diversement. On les applique autour de fils de laine ou de coton retors, appelés les fils de la chaîne, non colorés et tendus horizontalement sur les deux rouleaux d'un métier (fig. 28, pl. 2), comme on tend un canevas à broder.

Les fils de la chaîne sont séparés, quoique juxtaposés, en deux rangs appelés *croisures*, et ils passent dans des anneaux de ficelle appelés *lisses*, attachés sur deux, quatre ou six petits bâtons de bois, lesquels sont liés par leurs extrémités chacun à une corde séparée, corde dont le milieu est attaché à une pédale 27, comme on attache une corde pour faire marcher un rouet (pl. 2, fig. 1).

Ainsi, pour faire la tapisserie à l'aide du métier fig. 28, on met le pied sur l'une des six pédales, suivant l'endroit où l'on veut travailler, et on soulève un rang de fils de la chaîne. On passe dans l'espace libre entre les fils une espèce de bobine appelée *flûte* sur laquelle le fil est enroulé, de gauche à droite lorsque la première croisure ou celle de devant est levée, et de droite à gauche lorsque la seconde croisure ou celle de derrière est levée. Cette allée et cette venue s'appelle *duite*. L'ensemble de plusieurs *duites*, tassées avec le peigne (fig. 32) constitue le *tissage* de la tapisserie, qui n'est autre que celui de la toile ordinaire, à l'exception qu'au lieu d'un battant on emploie un peigne (fig. 32).

Pour la facilité du travail, l'on donne au métier une pente plus ou moins sensible, comme celle d'un pupitre à écrire et on le place à côté d'une fenêtre, de manière que la lumière du jour frappe obliquement sur le modèle placé devant les yeux, sur l'envers de l'ouvrage qu'on travaille toujours ainsi sur les fils de la chaîne et sur le dessin au trait, qui est placé au dessous. On tisse alors avec les fils, en suivant les traits et les contours du dessin, placé sous les fils de la chaîne, en cherchant à imiter les couleurs du tableau.

Lorsqu'on veut voir l'endroit de l'ouvrage, on fait basculer le métier en abaissant les deux supports obliques ; puis, on enlève le dessin qui est posé sur une petite planchette ou un carton, à un demi-centimètre environ au dessous des fils de la chaîne.

Le grattoir en ivoire (fig. 30) sert pour défaire les fils *tassés*, lorsque le travail est mal fait, ou que la couleur employée n'est pas exacte pour imiter l'objet.

La pince (fig. 31) est employée pour enlever les boutons qui garnissent la laine ou la soie que l'on emploie ; elle est munie d'une aiguille qui sert aussi à séparer et à défaire les fils tissés.

Si l'on tisse, dans un endroit quelconque de la tapisserie, un ou plusieurs fils colorés, les uns après les autres, sans les faire aller d'un bout à l'autre de la largeur de celle-ci, il arrive alors qu'on ne recouvre pas tous les fils de la chaîne, et on fait un trou que l'on nomme *relais* ; mais on les coud, comme nous l'avons dit ci-dessus, lorsque la tapisserie est terminée.

TAPIS A L'INSTAR DE CEUX DE LA SAVONNERIE.

Le même métier (fig. 28) et les mêmes laines, employés pour la tapisserie, servent aussi à faire les tapis.

On tend les fils de la chaîne comme ceux pour la tapisserie ; on les soulève de même au moyen des pédales (fig. 28) ; c'est seulement la manière de tasser, de travailler et de tisser les fils de laine qui est différente.

On pose le *tranche-fil* horizontalement et en travers (fig. 34) sur les fils de la chaîne. Cet outil est muni, à l'une de ses extrémités, d'une lame tranchante, et l'extrémité opposée est recourbée. On enveloppe la partie arrondie de cet outil avec le fil de laine que l'on a passé d'abord entre deux fils de la chaîne et que l'on repasse ensuite entre les mêmes fils, en conduisant le faisceau (fig. 33), sur lequel la laine est dévidée, dans la boucle formée par le fil coloré lui-même ; on fait ainsi une espèce de nœud coulant ou de filet (voir page 32) qui enveloppe deux fils de la chaîne ; on enveloppe de même deux fils contigus, et ainsi de suite, jusqu'à ce que tout le tranche-fil soit garni ; on tire alors le tranche-fil, pour le dégager des brins, au moyen de la courbure, en ayant soin de tourner le tranchant de l'outil, de manière qu'il coupe les brins de laine au milieu de la boucle en deux parties égales.

Lorsqu'une rangée de *points* ou *nœuds* est ainsi faite sur toute la largeur du tapis, on passe en ligne droite un fil de chanvre d'un bout à l'autre de la largeur, à la manière de la tapisserie, en levant alternativement et successivement les deux croisures ou rangs de fils de la chaîne ; on tasse fortement ce fil de chaîne avec un peigne en acier (fig. 36) afin de presser et d'assujetir le *point*. Tout le tapis se fait de même, en mélangeant et combinant les couleurs pour imiter le modèle, qui doit être dessiné d'avance et placé sous les yeux. Le tracé du dessin et les principaux détails sont [illegible] sur une feuille de papier placée dessous. Comme moyen de repère [illegible] les parties du tableau [illegible] en carreaux égaux d'un centimètre.

Lorsque le tapis est terminé, on rend sa surface en coupant tous les brins qui dépassent, avec une paire de ciseaux recourbés (fig. 36).

Au reste, si les indications que nous donnons ne sont pas suffisantes pour faire les tapis et les tapisseries, on peut aller à la manufacture royale des Gobelins; là, chaque artiste ouvrier démontre avec empressement la manière de faire le point, et il suffit de les voir faire une seule fois pour pouvoir le comprendre et les exécuter.

ART DE FAIRE LE TRICOT [illegible], AU CADRE, [illegible], AU CROCHET, [illegible], ETC.

L'on désigne sous le nom de *tricot* une étoffe formée par une suite de boucles, appelées *mailles*, qui sont entrelacées les unes dans les autres.

On peut voir, planche 3, le dessin de plusieurs tricots composés avec des mailles diversement arrangées et combinées entre elles.

La figure 6 représente le tricot ordinaire à mailles droites, c'est ce qu'on nomme *à l'endroit*.

La figure 7 représente le même tricot à mailles *à l'envers*, et qu'on nomme aussi *renversées* ou *retournées*.

La figure 8 représente un tricot à mailles droites et renversées, dont chaque rangée, vue horizontalement sur la largeur, est formée alternativement avec des mailles droites et renversées.

La figure 9 représente un tricot *à côtes*, dont les mailles, vues par bandes verticales d'une certaine étendue, sont alternativement droites et renversées.

La figure 10 représente un tricot, qu'on nomme *quadrille* ou *grillage*, etc., dont les mailles sont alternées dans tous les sens.

Mais on peut varier ces tricots en combinant les mailles d'une certaine façon (voir planche 23 et 24), et faire ainsi des dessins à l'infini. Ce genre de travail est très agréable, et il suffit aux personnes qui ne le connaissent pas, de le voir faire une ou deux fois pour pouvoir l'exécuter facilement et sans tâtonnement.

Néanmoins, pour instruire les commençans et remédier même, autant que possible, à la maladresse et à l'inapplication, nous allons donner des indications certaines sur la manière de commencer et de faire les différens tricots; et, en les suivant de point en point, on ne peut manquer de réussir.

Pour commencer un tricot quelconque, on ne prend qu'une seule aiguille, qu'on tient de la main droite, en ayant le fil passé sur l'index, au moyen des deux doigts suivans, qu'on referme sur la suite de ce fil, sous lequel passe encore le petit doigt. On a l'attention d'attirer de la main gauche autant de fil à peu près qu'il est nécessaire pour le nombre de mailles que l'on veut former; puis, se servant de l'index de cette main gauche comme d'une seconde aiguille, on le place sous le fil pour le tenir écarté et élevé, de manière que le bout en soit retenu par le pouce rapproché des autres doigts de cette même main, et que la partie qui est sur l'index forme une sorte d'anneau qu'on ouvre avec l'aiguille pour y attirer la [illegible], pour la première maille, pendant que le bout du fil que doit retenir le pouce de la main gauche, [illegible] de même fil qui va de l'index de la main droite [illegible] de la main gauche, afin qu'il se trouve croisé au-dessous de l'anneau, et que la première maille qu'on y [illegible] soit ainsi arrêtée.

Supposons, d'ailleurs, la seconde aiguille garnie d'un premier rang de mailles, [illegible] expliqué ci-dessus comment on forme celle-ci, on passe le bout de la seconde aiguille dans la dernière maille formée, pour attirer dans cette maille la suite du fil qui a servi à la former; cette suite de fil entre en double dans la maille, et en forme une nouvelle qui, par son [illegible] dans la précédente, l'arrête et qui est elle-même [illegible] par l'aiguille qui a servi à la former. La première maille n'ayant plus besoin d'être soutenue par l'aiguille, on la fait échapper : elle est le principe du tricot ou du tissu qui en prend le nom. On passe à une seconde maille de la première aiguille, et l'on procède de la même manière pour la formation d'une seconde maille à placer sur la seconde aiguille, et ainsi de suite; d'où l'on voit très clairement, comme les fig. 6 à 10, planche 3, le représentent, que le tissu à mailles, ou tricot quelconque, n'est autre qu'une suite de mailles supposées égales et placées sur une aiguille horizontale, dans chacune desquelles la suite du fil même, qui a servi à former ces premières mailles, passe en double de l'arrière en avant, ou de l'envers à l'endroit, y forme une nouvelle rangée d'anneaux ou de mailles, et dans celles-ci une autre, jusqu'à ce que l'étoffe ait acquis la hauteur déterminée pour l'usage auquel on la destine.

Remarquez qu'en procédant ainsi sur une aiguille, c'est-à-dire en allant et revenant sur son travail, pour employer le fil dans la suite immédiate de son étendue, on regarnit toujours l'aiguille qu'on vient de dégarnir, et réciproquement; mais comme on commence, pour l'exécution d'une nouvelle rangée de mailles, précisément à l'endroit où l'on a fini pour l'exécution de la rangée précédente, de la dernière rangée, cette marche, quoiqu'on retourne [illegible], et ce tissu fabriqué est, par conséquent, l'aiguille qui le soutient, reste [illegible], lorsqu'on ne change rien, d'ailleurs, à la disposition du travail. Il en résulte que [illegible] mailles d'une rangée sont passées de l'arrière en avant, celles de la rangée suivante le sont de l'avant en arrière, et [illegible] alternativement dans toute la hauteur du tissu, c'est précisément le travail ordinaire [illegible] qu'on emploie pour faire la couture.

Il est évident que, si, au retour d'une rangée précédente, on passe en dessous la seconde aiguille dans la maille de la première, pour attirer la suite du fil en dessous et y former la seconde maille, toutes les mailles du tissu se trouveront dans le même sens. Dans le premier cas, le tricot aura, des deux côtés alternativement, un rang de mailles à l'envers et un rang à l'endroit; dans le second cas, l'un des côtés de l'étoffe sera plein endroit, et le côté opposé plein envers.

Veut-on opérer comme dans le dernier cas, sans être [illegible] obligé de varier le travail, il n'y a qu'à aller toujours en avant; mais le travail ne peut se continuer ainsi qu'en tournant; on ne saurait faire suivre au travail une marche circulaire sur une seule aiguille, ni même sur deux sans les courber, ce qui rendrait le travail fort gênant. Il en faut donc [illegible], en comptant celle qu'on peut considérer comme l'agent, celle par laquelle on opère sur les autres; on en met ordinairement quatre, quelquefois cinq et jusqu'à six, pour diminuer d'autant la [illegible] de la partie du tissu qui tient aux aiguilles, pour multiplier ses points d'inflexion, pour faciliter enfin les mouvemens fréquens et variés qu'il est sujet à recevoir dans la formation de chaque maille.

En supposant la quantité de mailles déterminée pour le circuit ou l'ampleur de l'étoffe, ce qui se fait suivant le diamètre des aiguilles et celui de la matière, suivant aussi, toutes choses égales d'ailleurs, qu'on veut un tricot plus ou moins serré, on distribue ces mailles en nombre égal sur chaque aiguille.

C'est ainsi qu'on fabrique les bas circulaires, passant continuellement d'une broche à celle qui la suit et formant toujours, excepté celle du point de couture qu'on renverse, des mailles droites, dont la suite est une vraie hélice, qui ne souffre d'altération que par l'élargissement ou le rétrécissement du tricot, qui, dans ces parties, deviennent l'un et l'autre des spirales.

Dans le cas d'élargissement, il faut créer de nouvelles mailles, ce qui ne se fait que d'une à la fois, c'est-à-dire en même lieu, sur chaque rangée; pour cela, de la pointe de l'aiguille considérée comme agent, on relève, sur le bout de celle sur laquelle on agit, la partie du fil qui lie la maille d'en dessous, celle qu'on vient de faire, à la première à abattre de dessus la seconde aiguille, et c'est sur cette partie relevée de fil qu'on forme la nouvelle maille.

Dans le cas de rétrécissement, il n'est question que de passer en même temps la première aiguille dans les deux dernières mailles de la seconde aiguille, et de retirer à la fois par ses deux dernières mailles la suite du fil en double, dont la nouvelle ne doit former qu'une seule. Cette nouvelle maille, résultant du passage du fil par les deux précédentes mailles, diminue d'autant cette rangée de la précédente, [illegible] dans le cas précédent, augmente la rangée qu'on fait sur celle qu'on vient de faire. On dit [illegible], c'est-à-dire [illegible] plus ou moins [illegible], autant de fois sur chaque [illegible] de mailles, et sur autant de rangées qu'on veut.

À l'égard des [illegible], [illegible] quelle forme, hauteur ou largeur, [illegible] des mailles renversées ou alternées avec des mailles droites. [illegible], zigzags, carreaux et losanges. La côte n'est qu'une suite de mailles renversées, prises en nombre égal ou inégal, toujours les unes sur les autres. Le quadrillé, etc., est une suite de mailles droites et renversées, alternées [illegible] et en tout sens.

[illegible] AVEC DES BAGUETTES.

Planche 17, fig. 50 et 51. — Le tricotage avec des baguettes est principalement employé aujourd'hui par les femmes aveugles, aussi le nomme-t-on le *tricotage des aveugles*, parce que les fils sont [illegible] à la main.

On se sert pour ce genre de travail d'un cadre [illegible], vertical, de 2 mètres de hauteur environ, et de 5 à 6 et même jusqu'à 8 baguettes de bois léger, rondes ou plates.

Pour commencer le tricot, on passe deux ficelles au travers des trous qui sont percés en haut et en bas dans les montans du cadre, et on les arrête [illegible] au moyen d'un nœud coulant. Si l'objet que l'on veut tricoter est large, on passe la ficelle dans les trous les plus écartés l'un de l'autre; dans le cas contraire, on passe la ficelle dans les trous les plus rapprochés. Cela fait, on attache à la ficelle du haut, le fil de coton ou de soie avec lequel on veut tricoter, en formant une boucle et un nœud coulant, en le faisant glisser librement le long de la ficelle; vous passez alternativement le fil de soie sur les deux ficelles, en haut et en bas, de manière à former une espèce de 8 (fig. 51); vous faites ainsi autant de 8 que vous voulez tricoter de mailles pour votre objet, et vous arrêtez le bout de votre fil de soie [illegible] nœud coulant comme en commençant. Il faut que les fils soient très lâches, sans cela le tricotage ne serait pas possible. Supposons qu'on veuille faire une tresse de 10 mailles, la tricoteuse monte son métier comme la fig. 41 l'indique; puis elle se place devant le cadre et elle passe les deux pouces entre les deux fils croisés, de manière que les autres doigts soient placés derrière; elle prend alors avec l'index le fil de derrière n. 1, et avec le pouce celui de devant n. 1; elle les croise ensuite en sorte que celui de devant va derrière, sur l'index, et que celui de derrière vient devant, sur le pouce; elle en fait autant avec tous les autres fils les uns après les autres. Elle retourne alors les fils et les met d'une main dans l'autre, et elle glisse entre eux, de droite à gauche, une petite baguette qui empêche le fil de revenir. Cette baguette est descendue aussitôt vers le pied du cadre A. C'est là le commencement de tous les tricotages de cette espèce.

Ensuite la tricoteuse prend le fil de devant n. 1, et celui de derrière n. 2, et les échange; elle produit ainsi un nœud en croix. Les autres fils de devant et de derrière 3 et 4, 5 et 6, 7 et 8, 9 et 10, sont échangés de la même manière; et enfin la tricoteuse glisse entre eux une nouvelle baguette et la descend un peu. Si celle-ci était entièrement descendue, le tricot s'écarterait trop par le haut.

Cela fait, la tricoteuse échange le fil de devant n° 2 avec celui de derrière n° 3, ensuite le n° 4 avec le n° 5, le n° 6 avec le n° 7, le n° 8 avec le n° 9, etc. On introduit alors une troisième baguette entre les fils, et la seconde est abaissée tout près de la première; ensuite le fil de devant n° 1 est échangé de nouveau avec celui de derrière n° 2, et ainsi de suite comme auparavant, et une nouvelle baguette est passée entre les fils.

Le n° 2 est encore échangé avec le n° 3, et ainsi de suite jusqu'à la fin. Lorsqu'il y a trois baguettes abaissées, on peut ôter la plus basse, et comme les fils sont un peu raccourcis par le tricotage, il est nécessaire que la ficelle qui est attachée par le haut et par le bas soit lâchée; mais l'ouvrage fini doit être tendu autant qu'il est possible. Lorsque la tricoteuse est parvenue au milieu du cadre, c'est-à-dire à la fin de l'ouvrage, il est indispensable de nouer fortement les fils entrelacés avec du cordonnet qu'on tourne et enlace tout autour; sans cette ligature le tricot s'effilerait.

Le filet rose, espèce de tricot semblable, est produit de l'entrelacement entier des fils qui doivent nécessairement reprendre leurs premières places. Le commencement de ce tricotage se fait comme le premier, c'est-à-dire qu'on échange les fils de devant avec ceux de derrière; on glisse entre eux une baguette qui est ensuite abaissée. Cela fait, le fil de devant n° 1 est entortillé autour de celui de derrière n° 2, et les autres fils de devant 2, 3, 4, etc., le sont aussi autour de ceux de derrière 3, 4, 5, etc., et le reste se continue de même jusqu'au n° 10. A leur tour les fils de derrière n° 2, 3, etc., sont entortillés autour de ceux de devant n° 2, 3, 4, etc., et ainsi de suite. Lorsque l'ouvrage est fini, on le noue vers le milieu avec un cordonnet fort qu'on roule autour. On forme ainsi deux ligatures espacées et l'on coupe le tricot entre les deux.

En tricotant de la manière suivante, on obtient un autre dessin avec des mailles longues, formées chacune avec quatre fils de chaîne : l'on prend les deux premiers fils de derrière, n° 1, et on les tourne trois fois à gauche, ainsi que les deux premiers fils n° 2, les deux fils quadruplés sont ensuite entortillés à droite, de manière que chacun revienne à sa place; cela fait, il faut prendre les deux autres fils du n° 2 et les deux premiers du n° 3, et répéter l'opération précédente; l'on continue de cette manière jusqu'à la fin, et l'on passe une baguette; on en reprend deux autres et l'on continue l'ouvrage en suivant l'indication ci-dessus, et en ayant soin d'alterner.

Quand on veut tricoter un châle de cette manière, il faut se servir d'un cadre plus long, que l'on place horizontalement pour tricoter. Lorsque l'ouvrage est fini, il est noué ensuite dans le milieu avec deux ligatures et à deux endroits un peu éloignés l'un de l'autre, afin qu'étant coupé par le milieu les bouts puissent servir de franges. Les deux morceaux sont enfin cousus ensemble par la partie d'en haut et celle d'en bas, c'est-à-dire aux points où les nœuds se trouvaient sur la ficelle; de cette manière on obtient un schall sans être obligé de tricoter séparément deux parties du même dessin. Les gants et les bourses tricotés au cadre, doivent être cousus sur les côtés.

TRICOT FAIT AU CADRE (planche 1re, fig. 31 à 34).

Le cadre est fait en bois de la grandeur de l'objet que l'on veut faire. Par exemple, supposons qu'on veuille faire un dessous de lampe : on garnit le cadre tout au tour, sur le plat, de pointes à tête fine, qui sont indiquées dans les dessins (fig. 31 à 33) par des points noirs.

On couvre le cadre de fils de laine floche en les contournant autour de chaque pointe et les conduisant d'abord et successivement de droite à gauche et de gauche à droite des côtés parallèles, ensuite en travers, de manière à former des carrés réguliers, ainsi que l'indiquent les cordes (fig. 31). On forme aussi des losanges en conduisant les fils en diagonale (fig. 32).

Le dessin que l'on voit fig. 33 est formé d'un tricotage, fait d'abord en carré (fig. 31), et couvert ensuite d'un tricotage en losange (fig. 32).

Enfin, on lie chaque point d'intersection *eee* avec du fil un peu retors, qu'on passe et repasse avec une aiguille en formant au-dessus de l'étoffe une croix de Saint-André, et, à l'envers le *point noué* (fig. 10, planche 1re). Cela fait, on coupe les fils de laine avec une paire de ciseaux, dans les plis formés sur les clous.

On peut encore attacher des fleurs artificielles en laine ou en chenille sur le tricot (fig. 33), aux points d'intersection des fils en *e*; mais, dans ce cas, le tricot ne peut servir que comme couverture, et sans pouvoir être pressé.

La figure 34 représente un tricot fait avec des fils de laine de diverses couleurs, sur un cadre dont les côtés portent des échancrures ou crans, *a*, *b*, *c*, *d*.

On passe chaque fil de laine d'un cran à l'autre (toujours en regard), en enveloppant et entourant le cadre en dessus comme en dessous; puis, on arrête le fil à l'endroit de l'un des crans. On place de même, à côté, dans un cran une autre couleur plus claire que la première, et ainsi de suite jusqu'au milieu du cadre, en mettant toujours des couleurs qui vont en se dégradant. Puis, on place les mêmes fils sur l'autre moitié du cadre, en disposant les couleurs en sens inverse. Ensuite, on passe les mêmes couleurs en travers, ou mieux on passe des couleurs différentes qui tranchent avec les premières et les enlacent. Enfin, on attache les deux couleurs aux points d'intersection *e* avec du fil retors, comme nous l'avons dit ci-dessus.

Pour former les poils veloutés que l'on voit en *ee*, on coupe une partie des fils de laine, entre tous points d'intersection, avec une paire de ciseaux et on relève les fils coupés avec un peigne ou un chardon-cardière.

TRICOT AU CLOU OU AU CROCHET (planche 3, fig. 11 et 12).

C'est le nom qu'on a donné au tricot fait originairement par des soldats, qui, dans leur désœuvrement, avaient imaginé de se servir d'un clou dont ils recourbaient la pointe, et auquel on a substitué depuis une espèce de crochet plus commode (planche 1re, fig. 37 à 39).

On tricote des gants de la manière suivante : prenant la laine ou le fil destiné à cet usage, on le passe deux fois autour des deux premiers doigts de la main gauche, en lui faisant former une sorte de double boucle dans laquelle on passe le crochet pour saisir et attirer la suite du fil; puis, sans sortir le crochet de la nouvelle boucle qu'il a faite par ce fil attiré, on retourne en chercher la suite en passant de nouveau dans la maille ou boucle déjà faite; en continuant ainsi, on forme une première rangée de mailles plus ou moins longues, suivant l'objet qu'on se propose; au bout de la rangée on revient sur ses pas, c'est-à-dire qu'on fait entrer le crochet dans la maille qui est devant soi. On n'a plus qu'à suivre toujours le même procédé, et l'on forme une pièce de tricot ronde, dont les rangées de mailles tournent sur elles-mêmes et se trouvent ainsi en travers.

On commence les gants par le bout d'un doigt quelconque, et l'on fait ainsi détachés tous les doigts l'un après l'autre; puis, on les unit à mesure en faisant la main. Il faut bien tenir l'ouvrage ferme de la main gauche, et, à mesure que l'on tire de la droite une nouvelle maille avec le crochet, la conduire sous le pouce gauche, jusqu'à l'ouverture de la maille inférieure, dans laquelle le crochet doit entrer pour avancer successivement de l'une à l'autre.

On ne peut employer à ce travail qu'un fil d'une certaine grosseur; trop fin, il serait bientôt fatigué par l'action du crochet; d'ailleurs, le tricoté se trouvant en travers, résiste moins au tiraillement qu'il souffre en ce sens. On met en dedans des gants en droit du tricoté, et on fait paraître en dessus l'envers, qui ne représente pas l'apparence commune de la maille renversée, mais celle d'une suite de grains d'orge rangés en diagonal, et qui fait douter de quelle manière ils ont été travaillés. Au reste, il est facile de varier cette apparence, car la maille, faite à gauche ou à droite, en dessus ou en dessous, produit des différences suivant sa disposition.

Manière d'exécuter les dessins par le tricotage au crochet (planches 7 à 13). — Ce que nous venons de dire abrége beaucoup nos descriptions, et les dessins sont encore plus propres à les faire comprendre.

Ainsi, chaque carreau ou point, vu dans un carreau, représente un point de tricot, et les petits points, vus sur une ligne oblique, désignent les points de tricot à faire pour former les mailles quadrillées ou guillochées, les dentelures ou picots pris sur les bords des dessins-dentelles.

Le crochet qu'on emploie est représenté par les fig. 37, 38 et 39, planche 1re.

D'abord, on fait un simple entrelacement en *a* autour du crochet (voy. fig. 37), ensuite cet instrument est tenu dans la main gauche, de manière que le petit crochet ou l'entaille d'en haut se trouve à gauche. Le fil est passé sous le manche et conduit de droite à gauche, dans l'entaille *b* (voy. fig. 37). Ensuite, le crochet est tiré à l'aide de la main droite au-dessous de la gauche, tandis que celle-ci passe sous la nouvelle maille et en même temps sur la pointe du crochet dans l'entrelacement. L'on remet de nouveau le fil sous le manche et sur l'entaille en haut, et l'on tire le nouveau nœud coulant à travers le précédent. Après avoir fini la première rangée, si l'on veut tricoter en revenant de la droite à la gauche, comme dans une couverture, on passe le petit crochet dans la dernière maille par en bas (et il en doit rester une sur l'instrument), comme nous l'avons dit précédemment. Cela fait, on met le fil sous le manche, en le passant en même temps dans l'entaille en haut, ainsi que l'in-

[illegible]

Fig. 3. — 7 Mailles.

1. Prendre la m. sans la tric., 1 droite, augm. de 3 m., dim., augm. de 7 m., dim., 1 droite.

[illegible]

16. Tout droit.

[illegible]

4. Prendre la m. sans la tric., 8 droites, augm. d'une m., prendre [illegible]

la m. sans la tric., et la passer sur celle qu'on tric., [illegible] à rebours, 1 droite, 17 à rebours, augm. d'une m., prendre la m. sans la tric., et la passer sur celle qu'on tric., 1 droite.

5. Prendre la m. sans la tric., 2 droites, augm. d'une m., prendre la m. sans la tric., et la passer sur celle qu'on tric., 3 droites, [illegible]

[illegible]

Lorsque la dentelle a atteint sa longueur, on la réunit à la manchette ou par le tricotage, ou par une couture, puis on reprend les mailles inférieures et on y tricote un bord comme à un bas, avec 2 mailles droites et 2 à rebours.

AUTRE MANCHETTE (Fig. 28).

Pour une main moyenne, on commence avec du fil coton 120 [illegible] qu'on tricote comme un bas, 50 tours, en faisant 2 mailles droites et 2 à relever, puis on commence un des modèles suivants, dont on répète encore 50 tours qu'on arrête par une chaînette à laquelle on coud une dentelle. La partie de la manchette, qui ne se compose que des mailles droites et à relever, peut se faire avec du coton plus gros; dans ce cas, 100 mailles suffisent; on augmente les 20 autres, si on se sert de coton plus fin.

BAS DE LA MANCHETTE.

1. 2 droites, augm. d'une m., prendre une m. sans tric. et la passer sur celle qu'on tric.

2. Idem, augm. d'une m., 2 droites, et continuez ainsi pour faire 50 tours.

MILIEU.

1. 2 droites, prendre la m. sans la tric. et la passer sur celle qu'on tric., idem, 2 droites, augm. d'une m., 1 droite, augm. d'une m.

2. Tout droit, et continuer pour faire 40 tours.

DENTELLE DU HAUT DE LA MANCHETTE.

Elle est la même que celle fig. 1re, et elle se fait comme toute l'avant-dit ci-dessus.

EXPLICATION DES DESSINS AU TRICOT-DENTELLE (Planch. 2?, n°s 6 à 1?; planch. 24, n°s 17 à 20, et n°s 22 à 25).

Dentelle pour manchons. — 10 Mailles. (Voy. la fig. n° 6.)

1. *aig.* 1 maille, 1 à l'endroit, 1 augm., 1 à l'endroit, 1 augm., 1 à l'endroit, 1 augm., 1 rétrécir, 4 à l'endroit.

2. *aig.* 9 à l'endroit, 1 à l'envers, 1 à l'endroit, 1 à l'envers, 2 à l'endroit.

3. *aig.* 1 maille, 5 à l'endroit, 1 augm., 5 à l'endroit, 1 augm., 1 rétrécir, 2 à l'endroit.

4. *aig.* 1 maille, 15 à l'endroit.

5. *aig.* 1 maille, 5 à l'endroit, 1 augm., 1 rétrécir, 1 à l'endroit, 1 augm., 1 rétrécir, 1 à l'endroit.

6. *aig.* 1 maille, 14 à l'endroit.

7. *aig.* 1 surjeter, 5 à l'endroit, 1 augm., 1 rétrécir, 1 à l'endroit, 1 rétrécir, 1 augm., 2 à l'endroit.

8. *aig.* 1 maille, 11 à l'endroit, 1 rétrécir.

9. *aig.* 3 surjeter, 1 à l'endroit, 1 augm., 3 rétrécir, 1 augm., 3 à l'endroit.

10. *aig.* 1 surjeter, 9 à l'endroit.

BORDURE DENTELLE A ANGLE.

12 Mailles. (Voy. fig. n° 7.)

1. *aig.* 1 maille, 2 à l'endroit, 1 augm., 1 rétrécir, 2 augm., 1 rétrécir, 5 à l'endroit.

2. *aig.* 1 maille, 6 à l'endroit, 1 à l'envers, 2 à l'endroit, 1 augm., 1 rétrécir, 1 à l'endroit.

3. *aig.* 1 maille, 2 à l'endroit, 1 augm., 1 rétrécir, 2 à l'endroit, 2 augm., 1 rétrécir, 1 à l'endroit.

4. *aig.* 1 maille, 5 à l'endroit, 1 à l'envers, 4 à l'endroit, 1 augm., 1 rétrécir, 1 à l'endroit.

5. *aig.* 1 maille, 2 à l'endroit, 1 augm., 1 rétrécir, 1 à l'endroit, 2 augm., 1 rétrécir, 1 à l'endroit.

6. *aig.* 1 maille, 5 à l'endroit, 1 à l'envers, 6 à l'endroit, 1 augm., 1 rétrécir, 1 à l'endroit.

7. *aig.* 1 maille, 2 à l'endroit, 1 augm., 1 rétrécir, 10 à l'endroit.

8. *aig.* 5 surjeter, 8 à l'endroit, 1 augm., 1 rétrécir, 1 à l'endroit.

9. *aig.* 1 maille, 2 à l'endroit, 1 augm., 1 rétrécir, 1 à l'endroit, 1 rétrécir, 2 augm., 1 à l'endroit.

10. *aig.* 1 maille, 4 à l'endroit, 1 à l'envers, 4 à l'endroit, 1 augm., 1 rétrécir, 1 à l'endroit.

11. *aig.* 1 maille, 2 à l'endroit, 1 augm., 2 rétrécir, 2 augm., 6 à l'endroit.

12. *aig.* 1 maille, 6 à l'endroit, 1 à l'envers, 3 à l'endroit, 1 augm., 1 rétrécir, 1 à l'endroit.

13. *aig.* 1 maille, 2 à l'endroit, 1 augm., 1 surjeter, 1 rétrécir et la surjeter sur la rétrécie, 2 augm., 8 à l'endroit.

14. *aig.* 1 maille, 8 à l'endroit, 1 à l'envers, 2 à l'endroit, 1 augm., 1 rétrécir, 1 à l'endroit.

15. *aig.* 1 maille, 2 à l'endroit, 1 augm., 1 rétrécir, 10 à l'endroit.

16. *aig.* 1 maille, 8 à l'endroit, 1 augm., 1 rétrécir, 1 à l'endroit.

11. *Modèle pour dentelle en grand centre.* — 10 Mailles. (Voy. la fig. n° 8.)

1. *aig.* 1 maille, 2 à l'endroit, 1 augm., 1 rétrécir, 2 augm., 1 rétrécir, 2 augm., 1 rétrécir, 1 à l'endroit.

2. *aig.* 1 maille, 2 à l'endroit, 1 à l'envers, 2 à l'endroit, 1 à l'envers, 2 à l'endroit, 1 augm., 1 rétrécir, 1 à l'endroit.

3. *aig.* 1 maille, 2 à l'endroit, 1 augm., 1 rétrécir, 7 à l'endroit.

4. *aig.* 1 maille, 8 à l'endroit, 1 augm., 1 rétrécir, 1 à l'endroit.

5. *aig.* 1 maille, 2 à l'endroit, 1 augm., 1 rétrécir, 2 augm., 1 rétrécir, 2 augm., 1 rétrécir, 2 augm., 1 rétrécir, 1 à l'endroit.

6. *aig.* 1 maille, 2 à l'endroit, 1 à l'envers, 2 à l'endroit, 1 à l'envers, 2 à l'endroit, 1 à l'envers, 2 à l'endroit, 1 augm., 1 rétrécir, 1 à l'endroit.

7. *aig.* 1 maille, 2 à l'endroit, 1 augm., 1 rétrécir, 10 à l'endroit.

8. *aig.* 1 maille, 11 à l'endroit, 1 augm., 1 rétrécir, 1 à l'endroit.

9. *aig.* 1 maille, 2 à l'endroit, 1 augm., 1 rétrécir, 1 maille, 1 rétrécir, surjeter la m. non tricotée sur la rétrécie, 2 augm., 1 maille, 1 rétrécir, 2 augm., 1 maille, 1 rétrécir, surjeter la m. non tricotée sur la rétrécie, 1 à l'endroit.

10. *aig.* 1 maille, 2 à l'endroit, 1 à l'envers, 2 à l'endroit, 1 à l'envers, 3 à l'endroit, 1 augm., 1 rétrécir, 1 à l'endroit.

11. *aig.* 1 maille, 2 à l'endroit, 1 augm., 1 rétrécir, 8 à l'endroit.

12. *aig.* 1 maille, 9 à l'endroit, 1 augm., 2 rétrécir, 1 à l'endroit.

13. *aig.* 1 maille, 2 à l'endroit, 1 augm., 1 rétrécir, 5 à l'endroit, 1 maille, tricoter la dernière sur l'avant-dernière deux fois, afin que cela fasse une seule maille.

14. *aig.* 1 maille, 6 à l'endroit, 1 augm., 1 rétrécir, 1 à l'endroit.

Autre dentelle. — 11 Mailles. (Voy. la fig. n° 9.)

1. *aig.* 1 maille, 1 rétrécir, 1 augm., 1 croiser, 4 à l'endroit, 2 augm., 3 à l'endroit.

2. *aig.* 1 maille, 3 à l'endroit, 1 à l'envers, 1 à l'endroit, 1 croiser, 3 à l'endroit.

3. *aig.* 1 maille, 1 rétrécir, 1 augm., 1 croiser, 9 à l'endroit.

4. *aig.* 1 maille, 8 à l'endroit, 1 croiser, 3 à l'endroit.

5. *aig.* 1 maille, 1 rétrécir, 1 augm., 1 croiser, 1 à l'endroit, 1 rétrécir, 2 augm., 4 à l'endroit.

6. *aig.* 1 maille, 3 à l'endroit, 1 à l'envers, 5 à l'endroit, 1 croiser, 3 à l'endroit.

7. *aig.* 1 maille, 1 rétrécir, 1 augm., 1 croiser, 10 à l'endroit.

8. *aig.* 1 maille, 9 à l'endroit, 1 croiser, 3 à l'endroit.

9. *aig.* 1 maille, 1 rétrécir, 1 augm., 1 croiser, 1 à l'endroit, 2 augm., 4 à l'endroit.

10. *aig.* 1 maille, 5 à l'endroit, 1 à l'envers.

11. *aig.* 1 maille, 1 rétrécir, 1 augm., 1 croiser, 11 à l'endroit.

12. *aig.* 2 surjeter, 8 à l'endroit, 1 croiser, 3 à l'endroit.

13. *aig.* 1 maille, 1 rétrécir, 1 augm., 1 croiser, 9 à l'endroit.

14. *aig.* 2 surjeter, 6 à l'endroit, 1 croiser, 3 à l'endroit.

Le dessin de cette dentelle sera contourné avec du fil gros comme le précédent.

Autre dentelle. — 15 Mailles. (Voy. la fig. n° 10.)

1. *aig.* 1 maille, 14 à l'endroit.

2. *aig.* 3e et 4e pareillement.

5. *aig.* 6 à l'endroit, 2 fois augm., 1 rétrécir, 1 à l'endroit, 2 fois augm., 1 rétrécir, 1 à l'endroit, 2 fois augm., 1 rétrécir, 1 à l'endroit.

6. *aig.* 3 à l'endroit, 1 à l'envers, 3 à l'endroit, 1 à l'envers, 3 à l'endroit, 1 à l'envers, 6 à l'endroit.

7. *aig.* 1 maille, 17 à l'endroit.

8. *aig.* 9e et 10e pareillement.

11. *aig.* 3 surjeter, 14 à l'endroit.

Lorsqu'on a fait la dentelle, on la coud sur du papier bleu, et l'on trace avec du fil gros comme le dessin l'indique.

Modèle pour entre-deux. — 18 Mailles. (Voy. la fig. 11.)

1. *aig.* 1 maille, 2 à l'endroit, 1 augm., 1 rétrécir, 1 augm., 1 à l'endroit, encore 7 fois cela, 2 à l'endroit, 1 augm., 1 rétrécir, 1 à l'endroit.

2. *aig.* 1 maille, 1 augm., 1 rétrécir, 18 à l'envers, 1 augm., 1 rétrécir, 1 à l'endroit.

3. *aig.* 1 maille, 2 à l'endroit, 1 augm., 1 rétrécir, 18 à l'endroit, 1 augm., 1 rétrécir, 1 à l'endroit.

4. *aig.* 1 maille, 2 à l'endroit, 1 augm., 9 fois rétrécir à l'envers, 2 à l'endroit, 2 augm., 1 rétrécir, 1 à l'endroit.

Modèle pour manchettes. — 14 Mailles. (Voyez la fig. 12.)

1. *aig.* 1 maille, 1 rétrécir, 1 augm., 1 croiser, 2 à l'endroit, 2 augm., 1 à l'endroit, 2 augm., 1 rétrécir, 2 à l'endroit.

2. *aig.* 4 à l'endroit, 1 à l'envers, 5 à l'endroit, 1 à l'envers, 2 à l'endroit, 1 croiser, 3 à l'endroit.

3. *aig.* 1 maille, 1 rétrécir, 1 augm., 1 croiser, 2 à l'endroit, 3 rétrécir ensemble, 8 à l'endroit.

4. *aig.* 11 à l'endroit, 1 croiser, 3 à l'endroit.

5. *aig.* 1 maille, 1 rétrécir, 1 augm., 1 croiser, 2 à l'endroit, 2 augm., 2 à l'endroit, 1 rétrécir, 2 augm., 2 à l'endroit, 2 augm., 3 à l'endroit.

6. *aig.* 3 à l'endroit, 1 à l'envers, 3 à l'endroit, 1 à l'envers, 5 à l'endroit, 1 à l'envers, 2 à l'endroit, 1 croiser, 3 à l'endroit.

7. *aig.* 1 maille, 1 rétrécir, 1 augm., 1 croiser, 16 à l'endroit.

8. *aig.* 11 à l'endroit, 3 rétrécir ensemble, 2 à l'endroit, 1 croiser, 3 à l'endroit.

9. *aig.* 1 maille, 1 rétrécir, 1 augm., 1 croiser, 2 à l'endroit, 2 augm., 7 à l'endroit, 2 augm., 15 à l'endroit.

10. *aig.* 6 à l'endroit, 1 à l'envers, 8 à l'endroit, 1 à l'envers, 2 à l'endroit, 1 croiser, 3 à l'endroit.

11. *aig.* 1 maille, 1 rétrécir, 1 augm., 1 croiser, 2 à l'endroit, 3 rétrécir ensemble, 13 à l'endroit.

12. *aig.* 6 surjeter, 9 à l'endroit, 1 croiser, 3 à l'endroit.

Lorsqu'on a fini, il faut attacher la dentelle sur le papier bleu et prendre une aiguille avec du fil plus gros que la dentelle, avec lequel on trace tous les trous comme dans le modèle.

Autre modèle. — 20 Mailles. (Voy. la fig. n° 13.)

1. *aig.* 1 maille, 2 à l'endroit, 1 augm., 1 croiser, 1 rétrécir, 3 à l'endroit, 2 augm., 1 rétrécir, 2 augm., 1 rétrécir, 2 à l'endroit, 2 augm., 1 rétrécir, 1 à l'endroit.

2. *aig.* 1 maille, 4 à l'endroit, 1 à l'envers, 4 à l'endroit, 1 à l'envers, 2 à l'endroit, 1 à l'envers, 8 à l'endroit, 1 augm., 1 croiser, 1 rétrécir, 1 croiser.

3. *aig.* 1 maille, 2 à l'endroit, 1 augm., 1 croiser, 1 rétrécir, 4 à l'endroit, 1 croiser, 1 rétrécir, 2 augm., 1 croiser, 1 rétrécir, 4 à l'endroit, 2 augm., 1 à l'endroit.

4. *aig.* 1 maille, 5 à l'endroit, 1 à l'envers, 6 à l'endroit, 1 à l'envers, 1 rétrécir, 6 à l'endroit, 1 augm., 1 croiser, 1 rétrécir, 1 croiser.

5. *aig.* 1 maille, 2 à l'endroit, 1 augm., 1 croiser, 1 rétrécir, 3 à l'endroit, 2 augm., 1 rétrécir, 2 augm., 1 rétrécir, 3 à l'endroit, 1 rétrécir, 2 augm., 6 à l'endroit.

6. *aig.* 1 maille, 6 à l'endroit, 1 à l'envers, 6 à l'endroit, 1 à l'envers, 2 à l'endroit, 1 à l'envers, 5 à l'endroit, 1 augm., 1 croiser, 1 rétrécir, 1 croiser.

7. *aig.* 1 maille, 2 à l'endroit, 1 augm., 1 croiser, 1 rétrécir, 3 à l'endroit, 1 croiser, 1 rétrécir, 1 à l'endroit, 1 croiser, 1 rétrécir, 11 à l'endroit.

8. *aig.* 5 surjeter, 15 à l'endroit, 1 augm., 1 croiser, 1 rétrécir, 1 croiser.

9. *aig.* 1 maille, 2 à l'endroit, 1 augm., 1 croiser, 1 rétrécir, 15 à l'endroit.

10. *aig.* 1 maille, 15 à l'endroit, 1 augm., 1 croiser, 1 rétrécir, 1 croiser.

11. *aig.* 1 maille, 2 à l'endroit, 1 augm., 1 croiser, 1 rétrécir, 14 à l'endroit.

12. *aig.* 1 maille, 15 à l'endroit, 1 augm., 1 croiser, 1 rétrécir, 1 croiser.

Il faut pareillement passer du fil gros, comme on le voit dans le modèle.

Autre modèle. — 13 Mailles. (Voy. la fig. nº 14.)

1. *aig.* 1 maille, 12 à l'endroit.

2. *aig.* 1 maille, 1 à l'endroit, 1 rétrécir, 2 augm., 1 rétrécir, 7 à l'endroit.

3. *aig.* 1 maille, 8 à l'endroit, 1 à l'envers, 3 à l'endroit.

4. *aig.* 1 maille, 12 à l'endroit.

5. *aig.* 1 maille, 12 à l'endroit.

6. *aig.* 1 maille, 1 à l'endroit, 1 rétrécir, 2 augm., 1 rétrécir, 2 à l'endroit, 2 augm., 1 à l'endroit, 2 augm., 1 à l'endroit, 2 augm., 1 à l'endroit, 2 augm., 2 à l'endroit.

7. *aig.* 1 maille, 2 à l'endroit, 1 à l'envers, 2 à l'endroit, 1 à l'envers, 2 à l'endroit, 1 à l'envers, 2 à l'endroit, 1 à l'envers, 1 à l'endroit, 1 à l'envers, 3 à l'endroit.

8. *aig.* 1 maille, 20 à l'endroit.

9. *aig.* comme la précédente.

10. *aig.* 1 maille, 1 à l'endroit, 1 rétrécir, 2 augm., 1 rétrécir, 13 à l'endroit.

11. *aig.* tricoter seulement 12 mailles longues, 3 augm., 5 à l'endroit, 1 à l'envers, 3 à l'endroit.

12. *aig.* 1 maille, 9 à l'endroit, 1 à l'envers, 1 à l'endroit. De ces 12 mailles longues, il faut faire une seule maille, et tricoter encore une fois.

Modèle pour manchettes avec double bord en serpent. — 31 Mailles. (Voy. la fig. 15.)

1. *aig.* 1 maille, 2 à l'endroit, 1 augm., 1 rétrécir, 1 augm., 1 rétrécir, 1 à l'endroit, 1 augm., 1 rétrécir, 1 à l'endroit, 1 augm., 1 rétrécir, 1 à l'endroit, 1 augm., 1 rétrécir, 1 à l'endroit, 1 augm., 1 rétrécir, 1 à l'endroit, 1 augm., 1 rétrécir, 1 à l'endroit, 1 augm., 1 rétrécir, 1 à l'endroit, 2 augm., 1 rétrécir, 1 à l'endroit, 1 augm., 1 rétrécir, 1 à l'endroit.

2. *aig.* 1 maille, 2 à l'endroit, 1 à l'envers, 2 à l'endroit, 1 à l'envers, 3 à l'endroit, 1 augm., 1 rétrécir, 18 à l'endroit, 1 augm., 1 rétrécir, 1 à l'endroit.

3. *aig.* 1 maille, 2 à l'endroit, 1 augm., 1 rétrécir, 1 à l'endroit, 1 augm., 1 rétrécir, 1 à l'endroit, 1 augm., 1 rétrécir, 1 à l'endroit, 1 augm., 1 rétrécir, 1 à l'endroit, 1 augm., 1 rétrécir, 1 à l'endroit, 1 augm., 1 rétrécir, 3 à l'endroit, 1 augm., 1 rétrécir, 8 à l'endroit.

4. *aig.* 1 maille, 10 à l'endroit, 1 augm., 1 rétrécir, 18 à l'endroit, 1 augm., 1 rétrécir, 1 à l'endroit.

5. *aig.* 1 maille, 2 à l'endroit, 1 augm., 1 rétrécir, 1 augm., 1 rétrécir, 1 à l'endroit, 1 augm., 1 rétrécir, 1 à l'endroit, 1 augm., 1 rétrécir, 1 à l'endroit, 1 augm., 1 rétrécir, 1 à l'endroit, 1 augm., 1 rétrécir, 1 à l'endroit, 1 augm., 1 rétrécir, 1 à l'endroit, 1 augm., 1 rétrécir, 3 à l'endroit, 2 augm., 1 rétrécir, 2 augm., 1 rétrécir, 1 à l'endroit.

6. *aig.* 1 maille, 2 à l'endroit, 1 à l'envers, 2 à l'endroit, 1 à l'envers, 5 à l'endroit, 1 augm., 1 rétrécir, 18 à l'endroit, 1 augm., 1 rétrécir, 1 à l'endroit.

7. *aig.* 1 maille, 2 à l'endroit, 1 augm., 1 rétrécir, 2 à l'endroit, 1 augm., 1 rétrécir, 1 à l'endroit, 1 augm., 1 rétrécir, 1 à l'endroit, 1 augm., 1 rétrécir, 1 à l'endroit, 1 augm., 1 rétrécir, 1 à l'endroit, 1 augm., 1 rétrécir, 2 à l'endroit, 1 augm., 1 rétrécir, 10 à l'endroit.

8. *aig.* 1 maille, 11 à l'endroit, 1 augm., 1 rétrécir, 18 à l'endroit, 1 aug., 1 rétrécir, 1 à l'endroit.

9. *aig.* 1 maille, 2 à l'endroit, 1 augm., 1 rétrécir, 1 à l'endroit, 1 augm., 1 rétrécir, 1 à l'endroit, 1 augm., 1 rétrécir, 1 à l'endroit, 1 augm., 1 rétrécir, 1 à l'endroit, 1 augm., 1 rétrécir, 1 à l'endroit, 1 augm., 1 rétrécir, 3 à l'endroit, 1 augm., 1 rétrécir, 5 à l'endroit, 2 augm., 1 rétrécir, 1 à l'endroit, 2 augm., 2 à l'endroit.

10. *aig.* 1 maille, 2 à l'endroit, 1 à l'envers, 1 rétrécir, 1 à l'endroit, 1 à l'envers, 1 rétrécir, 5 à l'endroit, 1 augm., 1 rétrécir, 18 à l'endroit, 1 augm., 1 rétrécir, 1 à l'endroit.

11. *aig.* 1 maille, 2 à l'endroit, 1 augm., 1 rétrécir, 1 augm., 1 rétrécir, 1 à l'endroit, 1 augm., 1 rétrécir, 1 à l'endroit, 1 augm., 1 rétrécir, 1 à l'endroit, 1 augm., 1 rétrécir, 1 à l'endroit, 1 augm., 1 rétrécir, 1 à l'endroit, 1 augm., 1 rétrécir, 1 à l'endroit, 1 augm., 1 rétrécir, 2 à l'endroit, 1 rétrécir, 7 à l'endroit.

12. *aig.* 1 maille, 2 fois rétrécir, 2 à l'endroit, 1 rétrécir, 3 à l'endroit, 1 augm., 1 rétrécir, 18 à l'endroit, 1 augm., 1 rétrécir, 1 à l'endroit.

13. *aig.* 1 maille, 2 à l'endroit, 1 augm., 1 rétrécir, 2 à l'endroit, 1 augm., 1 rétrécir, 1 à l'endroit, 1 augm., 1 rétrécir, 1 à l'endroit, 1 augm., 1 rétrécir, 1 à l'endroit, 1 augm., 1 rétrécir, 1 à l'endroit, 1 augm., 1 rétrécir, 2 à l'endroit, 1 augm., 1 rétrécir, 2 à l'endroit, 2 augm., 1 rétrécir, 2 augm., 1 rétrécir, 1 à l'endroit.

14. *aig.* 1 maille, 1 rétrécir, 2 à l'endroit, 1 à l'envers, 1 à l'endroit, 1 rétrécir, 2 à l'endroit, 1 augm., 1 rétrécir, 18 à l'endroit, 1 augm., 1 rétrécir, 1 à l'endroit.

15. *aig.* 1 maille, 2 à l'endroit, 1 augm., 1 rétrécir, 1 à l'endroit, 1 augm., 1 rétrécir, 1 à l'endroit, 1 augm., 1 rétrécir, 1 à l'endroit, 1 augm., 1 rétrécir, 1 à l'endroit, 1 augm., 1 rétrécir, 1 à l'endroit, 1 augm., 1 rétrécir, 3 à l'endroit, 1 augm., 1 rétrécir, 7 à l'endroit.

16. *aig.* 1 maille, 1 rétrécir, 6 à l'endroit, 1 augm., 1 rétrécir, 18 à l'endroit, 1 augm., 1 rétrécir, 1 à l'endroit.

Modèle pour manchettes (fig. 17). — Commencer par 28 mailles.

1. *aig.* Prendre la maille sans la tricoter, 1 à l'endroit, 1 augm., 1 rétrécir, 18 à l'endroit, 1 augm., 1 rétrécir, 2 augm., 2 à l'endroit.

2. *aig.* 1 m. maille, 2 à l'endroit, 1 à l'envers, 2 à l'endroit, 1 augm., 1 rétrécir, 1 à l'envers, 1 rétrécir, 5 à l'endroit, 7 fois augm., 5 à l'endroit, 1 rétrécir, 1 à l'envers, 2 à l'endroit, 1 augm., 1 rétrécir, 2 à l'endroit.

3. *aig.* 1 m. maille, 3 à l'endroit, 1 augm., 1 rétrécir, 1 à l'endroit, 1 à l'envers rétrécir, 1 à l'envers, croiser les 7 m. augm., 4 à l'envers, 1 à l'envers rétrécir, 3 à l'endroit, 1 augm., 1 rétrécir, 4 à l'endroit.

4. *aig.* 1 m. maille, 5 à l'endroit, 1 augm., 1 rétrécir, 1 à l'envers, 1 à l'endroit rétrécir, 3 à l'endroit, 1 augm., 1 à l'endroit, 1 augm., 1 à l'endroit, 7 fois comme cela, jusqu'à 12 mailles, 3 à l'endroit, 1 rétrécir, 1 à l'envers, 2 à l'endroit, 1 augm., 1 rétrécir, 2 à l'endroit.

5. *aig.* 1 m. maille, 3 à l'endroit, 1 augm., 1 rétrécir, 1 à l'endroit, 1 à l'envers rétrécir, 18 à l'envers, 1 à l'envers rétrécir, 3 à l'endroit, 1 augm., 1 rétrécir, 2 augm., 1 rétrécir, 2 augm., 2 à l'endroit.

6. *aig.* 1 m. maille, 2 à l'endroit, 1 à l'envers, 2 à l'endroit, 1 à l'envers, 2 à l'endroit, 1 m. augm., et 1 rétrécir, 1 à l'envers, 1 rétrécir, 16 à l'endroit, 1 rétrécir, 1 à l'envers, 2 à l'endroit, 1 augm., 1 rétrécir, 2 m. à l'endroit.

7. *aig.* 1 m. maille, 3 à l'endroit, 1 augm., 1 rétrécir, 1 m. à l'endroit, 1 à l'envers rétrécir, 14 à l'envers, 1 à l'envers rétrécir, 3 à l'endroit, 1 augm., 1 rétrécir, 3 à l'endroit.

8. *aig.* 5 m. surjeter, 3 à l'endroit, 1 augm., 1 rétrécir, 1 à l'envers, 1 à l'envers rétrécir, 12 à l'envers, 1 à l'envers rétrécir, 1 à l'envers, 2 à l'endroit, 1 augm., 1 rétrécir, 2 à l'endroit.

9. *aig.* 1 m. maille, 3 à l'endroit, 1 augm., 1 rétrécir, 18 m. à l'endroit, 1 augm., 1 rétrécir, 2 augm., 2 à l'endroit.

10. *aig.* 1 m. maille, 2 à l'endroit, 1 à l'envers, 2 m. à l'endroit, 1 augm., 1 rétrécir, 1 à l'envers, 1 rétrécir, 5 à l'endroit, 7 fois augm., 5 m. à l'endroit, 1 rétrécir, 1 à l'envers, 2 à l'endroit, 1 augm., 1 rétrécir, 2 à l'endroit.

Continuer par la 3ᵉ aiguille.

Autre modèle pour manchettes. — 24 Mailles (fig. 18).

1. *aig.* 1 m. maille, 1 rétrécir, 2 augm., 1 rétrécir, 2 m. à l'endroit, 1 augm., 3 à l'endroit, 1 augm., 6 à l'endroit, 2 augm., 1 rétrécir, 2 augm., 1 rétrécir, 1 à l'endroit.

2. *aig.* 1 m. maille, 2 à l'endroit, 1 à l'envers, 2 à l'endroit, 1 à l'envers, 2 à l'endroit, 5 à l'envers, 1 augm., 1 à l'envers rétrécir, 2 à l'envers, 1 augm., 1 à l'envers rétrécir, 2 à l'envers, 3 à l'endroit.

3. *aig.* 1 maille, 1 rétrécir, 2 augm., 1 rétrécir, 2 à l'endroit, 1 augm., 1 rétrécir, 2 à l'endroit, 1 augm., 1 rétrécir, 12 à l'endroit.

4. *aig.* 1 maille, 7 à l'endroit, 6 à l'envers, 1 augm., 1 à l'envers rétrécir, 2 à l'envers, 1 augm., 1 à l'envers rétrécir, 2 à l'envers, 3 à l'endroit.

5. *aig.* 1 maille, 1 rétrécir, 2 augm., 1 rétrécir, 2 à l'endroit, 1 augm., 1 rétrécir, 2 à l'endroit, 1 augm., 1 rétrécir, 12 à l'endroit.

6. *aig.* 1 maille, 7 à l'endroit, 6 à l'envers, 1 augm., continuer comme la 4ᵉ aiguille.

7. *aig.* 1 maille, 1 rétrécir, 2 augm., 1 rétrécir, 1 augm., 2 fois rétrécir, 1 augm., 2 fois rétrécir, 1 augm., 1 rétrécir, 3 à l'endroit, 2 augm., 1 rétrécir, 2 augm., 1 rétrécir, 2 augm., 1 rétrécir, 1 à l'endroit.

8. *aig.* 1 maille, 2 à l'endroit, 1 à l'envers, 2 à l'endroit, 1 à l'envers, 2 à l'endroit, 1 à l'envers, 1 à l'endroit, 3 à l'envers, 1 augm., 3 à l'envers, 1 augm., 3 à l'envers, 1 augm., 2 à l'envers, 3 à l'endroit.

9. *aig.* 1 maille, 1 rétrécir, 2 augm., 1 rétrécir, 1 à l'endroit, 1 augm., 1 rétrécir, 2 à l'endroit, 1 augm., 1 rétrécir, 2 à l'endroit, 1 augm., 1 rétrécir, 13 m. à l'endroit.

10. *aig.* 1 maille, 10 à l'endroit, 4 à l'envers, 1 augm., 1 à l'envers rétrécir, 2 à l'envers, 1 augm., 1 à l'envers rétrécir, 2 à l'envers, 1 augm., 1 à l'envers rétrécir, 1 à l'envers, 3 à l'endroit.

11. *aig.* 1 maille, 1 rétrécir, 2 augm., 1 rétrécir, 1 à l'endroit, 1 augm., 1 rétrécir, 2 à l'endroit, 1 augm., 1 rétrécir, 2 à l'endroit, 1 augm., 1 rétrécir, 5 à l'endroit, 2 augm., 1 surjeter, 1 rétrécir, croiser les surjetées sur les rétrécies, 2 fois augm., 1 surjeter, 1 rétrécir, croiser les surjetées sur les rétrécies, 1 à l'endroit rétrécir.

12. *aig.* 1 maille, 2 à l'endroit, 1 à l'envers, 2 à l'endroit, 1 à l'envers, 3 à l'endroit, 4 à l'envers, 1 augm., 1 à l'envers rétrécir, 2 à l'envers, 1 augm., 1 m. à l'envers rétrécir, 2 à l'envers, 1 augm., 1 m. à l'envers rétrécir, 1 à l'endroit, 1 à l'envers, 2 à l'endroit.

13. *aig.* 1 maille, 1 rétrécir, 2 augm., 1 rétrécir, 1 à l'endroit, 1 augm., 1 rétrécir, 2 à l'endroit, 1 augm., 1 rétrécir, 2 à l'endroit, 1 augm., 1 rétrécir, 12 à l'endroit.

14. *aig.* 1 maille, 9 à l'endroit, 4 à l'envers, 1 augm., 1 à l'envers rétrécir, 2 à l'envers, 1 augm., 1 à l'envers rétrécir, 2 à l'envers, 1 augm., 1 à l'envers rétrécir, 1 à l'endroit, 1 à l'envers, 2 à l'endroit.

15. *aig.* 1 maille, 1 rétrécir, 2 augm., 1 rétrécir, 1 à l'endroit, 1 augm., 1 rétrécir, 2 à l'endroit, 1 augm., 1 rétrécir, 2 à l'endroit, 1 augm., 1 rétrécir, 2 à l'endroit, 1 augm., 1 rétrécir, 8 à l'endroit, croiser les dernières mailles sur l'avant-dernière deux fois, 1 à l'endroit.

16. *aig.* 1 maille, 7 à l'endroit, 1 à l'envers, 2 à l'envers rétrécir, 1 augm., 2 fois à l'envers rétrécir, 1 augm., 2 fois à l'envers rétrécir, 1 à l'endroit, 1 à l'envers, 2 à l'endroit.

Il faut tricoter ce modèle avec beaucoup d'attention.

17. *aig.* 1 maille, 2 à l'endroit, 1 augm., 1 rétrécir, 1 augm., 1 rétrécir, 1 à l'endroit, 1 augm., 1 rétrécir, 1 à l'endroit, 1 augm., 1 rétrécir, 1 à l'endroit, 1 augm., 1 rétrécir, 1 à l'endroit, 1 augm., 1 rétrécir, 1 à l'endroit, 1 augm., 1 rétrécir, 1 à l'endroit, 1 augm., 1 rétrécir, 1 à l'endroit, 2 augm., 1 rétrécir, 2 augm., 1 rétrécir, 1 à l'endroit.

18. *aig.* 1 maille, 2 à l'endroit, 1 à l'envers, 2 à l'endroit, 1 à l'envers, 3 à l'endroit, 1 augm., 1 rétrécir, 18 à l'endroit, 1 augm., 1 rétrécir, 1 à l'endroit.

Commencer de nouveau par la 3ᵉ aiguille.

MODÈLE POUR MANCHETTES.

28 Mailles. (Fig. 19.)

1. *aig.* 1 maille, 1 rétrécir, 2 augm., 1 rétrécir, 2 à l'endroit, 1 rétrécir, 2 augm., 1 rétrécir, 1 m. à l'endroit, 1 rétrécir, 2 augm., 1 rétrécir, 2 à l'endroit, 1 rétrécir, 2 augm., 1 rétrécir, 2 augm., 1 rétrécir, 2 à l'endroit.

2. *aig.* 1 augm., 3 à l'endroit, 1 à l'envers, 7 à l'endroit, 1 à l'envers, 7 à l'endroit, 1 à l'envers, 6 à l'endroit, 1 à l'envers, 2 à l'endroit.

3. *aig.* 1 maille, 6 à l'endroit, 1 rétrécir, 2 augm., 2 à l'endroit, 2 augm., 1 rétrécir, 2 à l'endroit, 1 rétrécir, 2 augm., 2 à l'endroit, 2 augm., 1 rétrécir, 9 à l'endroit.

4. *aig.* 1 augm., 1 rétrécir, 8 à l'endroit, 1 à l'envers, 3 à l'endroit, 1 à l'envers, 1 à l'endroit, 1 à l'envers, 3 à l'endroit, 1 à l'envers, 8 à l'endroit.

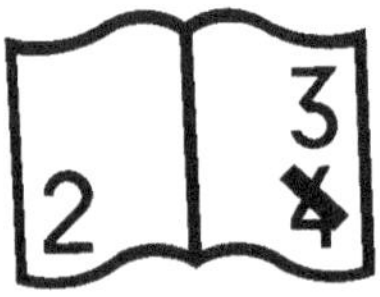

Pagination incorrecte - date incorrecte
NF Z 43-120-12

[illegible]

Il faut que toutes les mailles rétrécies soient croisées.

Autre modèle. — (Voy. la fig. n° 22).

[illegible]

8. *aig.* 1 tour comme la 2e aiguille.

[illegible]

10. *aig.* 17 à l'endroit.

[illegible]

Autre modèle. — (Voy. la fig. n° 23).

[illegible]

6 B) avec la pince, en faisant trois plis sur chacune des six grandes dentelures du patron.

3° Vous enfilez les huit pétales assemblés (fig. 6) qui composent l'œillet, les uns après les autres autour du cœur 6 A, comme celui représenté F ; vous roulez le centre de la fleur en pointe, vous enfilez et collez le calice (fig. 6 D), puis vous réunissez quatre feuilles en rouleau, vous les attachez avec de la soie et couvrez la soie avec du papier vert.

4° Vous montez la fleur avec deux petites tiges portant chacune un bouton, 6 C et 6 D, et deux groupes de fleurs. (Voir Pl. 7, fig. 6).

Marguerite. — Elle est formée de trois rangs de pétales d'une grandeur différente, et chaque rang est composé de trois pétales d'une même grandeur :

1° Vous découpez trois pétales sur chacun des trois patrons fig. 7, 7 A et 7 B.

2° Vous gaufrez chaque division des pétales (fig. 7) avec la pince, en faisant un pli sur le pourtour comme la ligne pointée l'indique, et courbant en dedans les pointes de division. Chaque division des patrons (fig. 7, 7 A et 7 B) est pliée en deux, et son extrémité est courbée à l'envers. Le dernier rang des pétales, qui doit être en papier vert, est plus recourbé que les autres.

Vous assemblez et montez la fleur comme l'œillet, autour du cœur 7 C, en ayant soin d'attacher de distance en distance, sur la même petite tige, plusieurs feuilles de grandeurs différentes 7 D. (Voir pl. 7, fig. 7).

Camelia. — 1° Découpez sur du papier blanc, cerise ou rose, huit pétales sur le patron n° 8, cinq sur celui 8 A, dix sur celui 8 B, dix sur celui 8 C, et le calice (fig. 8 D) sur du papier vert.

2° Vous gaufrez les pétales du centre avec la pince pour leur donner du creux à l'endroit, et les autres plus petits (fig. D) avec la boule, de manière à donner le creux aussi à l'endroit.

3° Pour assembler, vous attachez avec de la soie les trois pétales n° 8 autour du cœur (fig. 8 F) (1), le creux à l'endroit. Vous collez ensuite les autres pétales (patrons n° 8 A, 8 B, 8 C) le creux à l'envers, et sur deux rangs (planche 7, fig. 8) de manière qu'une moitié de pétale est couverte par celle qui est posée dessus. Enfin, vous terminez en collant dessous le calice (8 E), lequel calice sert aussi à faire le bouton (fig. 8 G).

4° Vous montez les fleurs avec deux grandes feuilles (fig. 8 I), sur une petite tige dont le bout est terminé par 2 boutons (8 G) et une petite feuille (fig. 8 F), qui sont liés ensemble avec de la soie. (Voir planche 7, fig. 8.)

(1) Le cœur du camelia naturel ressemble assez à celui de la rose, mais, pour rendre notre dessin plus saisissable à première vue, nous avons supprimé les étamines, ce qui ne change rien du reste à la forme et au montage de la fleur.

Dahlia (se compose de 66 pétales).

1° Découpez 16 pétales en papier vert, sur le patron 9, qui forment le cœur ;

18 pétales sur le patron n° 9 A ;
20 id. sur le patron n° 9 B ;
12 id. sur le patron n° 9 C.

2° Gaufrez, en pliant chaque pétale (9 F) en deux dans sa longueur, avec la pince, de manière que, vu par la pointe, il forme un angle comme celui représenté fig. 9 E ; rapprochez les deux côtés 9 D, en les roulant intérieurement avec la pince ; pincez et roulez de la même manière les pétales n° 9 A, en observant de rouler les deux côtés de chaque pétale en les contrariant, c'est-à-dire qu'un côté sera roulé à l'endroit et l'autre à l'envers ; courbez la partie inférieure à l'envers à partir du quart de sa hauteur ; gaufrez les pétales n° 9 B, comme ceux n° 9 A ; mais sans en recourber le bas. Gaufrez les pétales 9 C, comme celui n° 9, en roulant légèrement leur côté dans le même sens, courbant le bas à l'envers, à partir du tiers de la hauteur, et mettant plus d'espace entre les 2 moitiés des pétales, qui se trouveront presque tout à fait ouverts.

3° Vous assemblez, en attachant les 16 pétales verts au cœur 9 E avec de la soie, vous collez par dessus, d'abord les 18 pétales n° 9 A, sur deux rangs de 9 chacun ; puis, les 20 pétales n° 9 B, également sur 2 rangs de 10 chacun ; vous collez ensuite les 12 pétales n° 9 C sur un seul rang, et vous enfilerez et collerez en dernier lieu l'étoile en papier vert n° 9 G.

4° Vous montez la fleur avec 2 petites tiges garnies, dans le bas, chacune d'une grande feuille n° 6 G, dans le haut de 2 feuilles plus petites et de 2 ou 3 grandeurs différentes 9 I, et terminées par un bouton, muni d'une étoile ou *aca-yer* 9 G (voir planche 7, fig. 9).

Il y a des dahlias dont les pétales du centre ne sont pas verts, et, dans ce cas, on les fait de la même couleur que les autres. L'on assemble aussi les pétales autour d'une boule (9 H) formant le cœur, faite en papier jaune ou vert, et garnie de coton en dedans.

Jacinthe simple (composée de 3 pétales en papier rose ou jaune) :

1° Découpez trois pétales différens sur chaque patron n° 10, 10 A, et 10 D (ce dernier en découpant 3 division seulement).

2° Gaufrez en pinçant chaque division et courbez les extrémités supérieures à l'envers. Roulez le patron n° 10 A, entre les doigts sur une tige garnie d'un cœur 10 en papier de la même couleur, de manière à former un cornet.

3° Pour rassembler vous roulez par dessus le pétale patron n° 10 A, en ayant soin de placer les divisions vis-à-vis des intervalles de l'autre ; roulez et collez une bande de papier vert pour imiter le calice.

4° Montez en commençant par le bouton, puis vous en échelonnez deux autres au dessous ; vous placez de même 3 rangs de fleurs groupées par trois, et vous terminez en mettant 5 ou 6 feuilles (patron n° 10 B) autour du bas de la tige.

Les jacinthes doubles s'exécutent comme les simples, en employant les patrons n° 9 B, 9 C et 9 D, dont les divisions sont en nombre double, et des feuilles plus grandes, patron 9 F.

Pavot : 1° Découpez d'abord neuf pétales en papier blanc, sur la circonférence entière et pointée du patron n° 11, lequel est dessiné seulement par moitié ; faites les dentelures du pourtour en coupant le papier avec une paire de ciseaux, sur les petits traits ou rayons tracés en dedans du grand cercle pointé, et seulement jusqu'au cercle intérieur.

Découpez ensuite 9 ronds en papiers rose sur le patron intérieur 11 A, dessiné par moitié, avec des crans de distance en distance.

2° Gaufrez les 9 pétales 11 et les 9 ronds 11 A en les roulant et tortillant entre les doigts, comme pour faire une papillote ; puis, vous les déroulez, sans les ét[endre] entièrement.

3° Pour assembler, vous enfilez d'abord un pétale n° 11, par le centre, sur un petit fil de fer au bout duquel le cœur 11 B est attaché. Puis, vous enfilez un rond en papier rose, par dessus un second pétale découpé ; ensuite, vous enfilez un second rond en papier rose, et ainsi de suite. Ce qui revient à dire que vous mettez alternativement un pétale et un rond par dessus. Vous les collez avec un peu de gomme arabique et vous terminez en enfilant l'étoile, fig. 11 C.

4° Pour monter, vous assemblez d'abord sur la tige un bouton et une petite feuille n° 11 D, et vous disposez au-dessus 2 feuilles un peu plus grandes ; puis, vous fixez un autre bouton à droite, ensuite, vous attachez la fleur elle-même, la petite feuille à gauche et une grande feuille n° 11 E à droite.

Rose trémière. Pour les grandes fleurs, vous découpez 6 pétales en papier rose ou en papier d'un ton clair sur la circonférence du patron n° 12, dont le dessin n'est que la moitié, et 2 pétales du même papier foncé sur le patron 12 A.

Pour les fleurs plus petites ou pour celles non épanouies, vous découpez seulement 6 pétales sur le patron n° 12 B, et 1 pétale sur le patron n° 12 C.

2° Vous gaufrez ces pétales par le même moyen indiqué précédemment pour faire la fleur du pavot.

3° Vous assemblez et collez les 8 pétales 12 et 12 A de la même manière que ceux du pavot, en les enfilant l'un après l'autre sur un fil de fer auquel est attaché un cœur n° 12 D, et plaçant le grand pétale en papier rose-clair le dernier. Vous terminez en collant l'étoile n° 12 E. Pour faire la fleur non épanouie, on pourra n'assembler que 2 pétales 12 B et 1 pétale 12 C, qui devront être plus tortillés, plus rapprochés, et à peine ouverts. Si l'assemblage a été bien fait, le cœur ne doit pas se voir.

4° Vous montez en commençant par attacher en haut le bouton 12 F et la petite feuille (n° 12 G), puis vous mettez une autre petite feuille à 1 centimètre au-dessous ; ensuite un second bouton, et par derrière une feuille plus grande. Au dessous de celle-ci vous attachez un bouton entre 2 feuilles, fixées à 1 centimètre de distance l'une au-dessous de l'autre. Puis, vous posez une fleur non épanouie, ensuite la grande fleur, et par derrière une feuille (patron n° 12 G). Enfin vous attachez la grande feuille (patron n° 12 H) à 1 centimètre environ au-dessus de la fleur.

Fig. 13. *Pivoine panachée*.

1° Découpez 18 pétales en papier blanc panaché en rose, sur le patron n° 13 ; 12 pétales sur le patron n° 13 A ; 6 pétales sur le patron n° 13 B. Mais, pour abréger le travail, il faut calquer chaque patron et le reporter six fois sur une feuille de papier pour former une circonférence entière, sur laquelle on découpe le pétale. Vous découpez aussi, en suivant les traits noirs, 2 pétales en rond sur le patron n° 13, 2 pétales sur le patron n° 13 A, 1 pétale sur le patron n° 13 B, et vous donnez seulement un coup de ciseau sur chaque trait ou rayon concentrique.

2° Vous gaufrez chaque division d'un patron n° 13 en les creusant avec l'outil-boule, de manière que le creux soit à l'endroit ou en dedans ; vous le roulez en forme de cornet ; l'autre pétale, découpé sur le même patron, est creusé aussi avec l'outil-boule en courbant au contraire l'extrémité de chaque division en dehors.

Le pétale 13 A et le pétale n° 13 B se creusent et se courbent de même.

Les deux coques du calice n° 13 D se gaufrent également dans la partie la plus large.

3° *Pour assembler*, vous enfilez sur le fil de fer, auquel le cœur 13 C est attaché, le patron 13 roulé, dont les divisions sont creusées et courbées en dedans. Sur celui-ci vous placez le deuxième patron n° 13, dont les divisions sont courbées en dehors, puis, les deux patrons n° 13 A formant deux rangs ; ensuite vous collez sur ces deux rangs le patron n° 13 B, et vous finissez en collant le calice n° 13 D, dont les deux coques sont libres sous la fleur.

La fleur non épanouie s'exécute avec un patron n° 13, dont les divisions sont creusées en dedans et forment le centre, et un patron n° 13 A qui forme l'enveloppe et dont le creux est en dehors. Vous roulez ces deux patrons en forme de cornet, qui doit être moins ouvert que la grande fleur, vous l'enfilez sur une tige garnie d'un cœur et vous collez dessous deux calices n° 13 D plus petits qui se coupent à angles droits (voy. planche 7, fig. 13).

5° Vous montez sur un gros fil de fer, en commençant par la fleur même, vous mettez, à 2 centimètres au-dessous, une petite feuille naissante, n° 13 E, dont l'extrémité touche la partie extérieure des pétales du tour; vous attachez une seconde feuille, puis une troisième un peu plus grande, et enfin une quatrième feuille qui est la plus grande, n° 13 F; en tout quatre feuilles de trois grandeurs différentes (voy. planche 7, fig. 13).

Vous attachez ensuite de chaque côté de la tige, qui porte la fleur, deux autres tiges garnies, comme la tige de la fleur, de 3 feuilles qui se [illegible], et dont l'une, celle de droite, porte une fleur [illegible], et l'autre, celle de gauche, porte un bouton.

Fig. 14. [illegible]

1° [illegible] sur le patron n° 13, pour le cœur, [illegible] le patron n° 14 A [illegible] sur le patron [illegible].

2° Gaufrez les pétales [illegible] en plissant en deux sur leur longueur, et recourbez [illegible] à l'aide de la pince, de manière que [illegible], vous avez un côté recourbé en dedans, et l'autre côté en dehors. Lorsque le pétale est [illegible].

[illegible]

de cette espèce de rose sont assemblées ainsi. Puis vous attachez à un centimètre environ au-dessous de la naissance de la tige qui porte le bouton une tige munie de trois feuilles (patron moyen n° 15 G), et du même côté, à 3 centimètres au-dessous, une [illegible] tige munie de 3 feuilles (grand patron n° 15 H).

Enfin, vous terminez la fleur en plaçant la dernière tige à gauche, laquelle [illegible] garnie, comme la précédente, de trois feuilles (patron n° 15 H).

Fig. 15. *Rose pompon.*

1° Découpez trois pétales sur le patron n° 15, quatre sur les patrons n° 15 A [illegible] quatre sur le n° 15, et donnez un coup de ciseau [illegible] ou crayons excentriques.

2° Gaufrez en [illegible] deux pinces sur chaque partie découpée du pétale patron n° [illegible] en creusant avec l'outil-boule le milieu des patrons n° 15 A et n° 15 B, et en renversant en dehors les extrémités supérieures de certains pétales.

3° Assemblez cette rose comme la précédente.

4° Vous montez la fleur en mettant le modèle (planche 7, fig. 15) en mettant toutes les feuilles du même patron n° 15 G, planche 6.

FLEURS EN PERLES.

Ce que nous venons de dire relativement au montage des fleurs s'applique également aux fleurs en perles; mais on ne découpe ni gaufre les pétales, que l'on forme tout simplement avec [illegible] perles, lesquelles sont enfilées sur un fil de fer fin. [illegible]

[illegible]

les araignées, etc.; vous chercherez à imiter, autant que possible, par le mélange et la combinaison de vos perles colorées, les modèles que vous avez sous les yeux.

Du reste, vous assemblez et montez les fleurs en perles comme les fleurs en papier, et les fleurs en perles [illegible] dans votre imitation, plus ou moins parfaite, de la fleur naturelle ou artificielle en papier.

Les fleurs, dont nous reproduisons le dessin (planche 8, fig. 1 à [illegible]) [illegible].

[illegible]

Confection des feuilles. — Les feuilles se font à la main sur un bout élastique; on noue la mèche de cheveux avec un fil de laiton dont les extrémités garnissent le milieu de la feuille et servent à assujétir les cheveux quand on fait des feuilles pleines.

Confection de l'épi. — L'épi se fait de la même manière que les feuilles de rose, seulement on ajoute dans les grains de l'épi [illegible] fil d'or [illegible] pour le bas. Pour former les [illegible] de l'épi, on coupe le cheveu au moyen d'un fer chaud [illegible].

[illegible] — On les fait de la même manière que la rose, mais sans grossir le moule; et, au lieu de [illegible] pour la rose, on ne fait qu'un tour et les [illegible] placées. Pour étendre la [illegible] on [illegible] au fer ayant la [illegible].

[illegible]

Roses. — Cette fleur s'exécute sur le moule: trois tours en cheveux blonds et deux tours en cheveux roux ou châtains; on fait grossir le moule pour ces derniers; on place une petite [illegible] par derrière.

[illegible] — On le fait [illegible] en [illegible] de cheveux une petite [illegible] en bois percée dans le milieu, afin de [illegible], cette [illegible].

[illegible]

10. *aig.* toutes à l'endroit.

On commence par la 1re aiguille ; mais il faut prendre de la 1re aiguille 5 mailles et les tricoter avec la seconde aiguille. Le rétrécissage est croisé.

Autre modèle. — (Voy. la fig. n° 23).

Cette manchette sera commencée comme celle fig. 22.

1. *aig.* 1 augm., 1 rétrécir, 1 augm., 1 rétrécir, 1 augm., 4 à l'endroit, 1 augm., 2 à l'endroit, 1 maille, 1 à l'endroit, surjeter la maille nulle sur la maille à l'endroit, 3 à l'endroit, 1 rétrécir, 2 à l'endroit.

2. *aig.* faire un tour à l'endroit.

3. *aig.* 1 augm., 1 rétrécir, 1 augm., 1 rétrécir, 1 augm., 3 à l'endroit, 1 augm., 2 à l'endroit, 1 maille, 1 à l'endroit, surjeter la maille nulle sur la maille à l'endroit, 1 à l'endroit, 1 rétrécir, 2 à l'endroit.

4. *aig.* faire comme la 2e aiguille.

5. *aig.* 1 augm., 1 rétrécir, 1 augm., 1 rétrécir, 1 augm., 5 à l'endroit, 1 augm., 2 à l'endroit, 1 maille, 1 rétrécir, surjeter la rétrécie, 2 à l'endroit.

6. *aig.* faire un tour à l'endroit.

7. *aig.* prendre une maille de la 1re aiguille et tricoter avec la seconde, 1 maille, 1 à l'endroit, et surjeter la maille nulle sur la maille à l'endroit, 1 augm., 1 croiser, 1 rétrécir, 1 augm., 2 à l'endroit, 1 croiser, 1 rétrécir, 3 à l'endroit, 1 rétrécir, 2 à l'endroit, 1 augm., 4 à l'endroit, 1 augm.

8. *aig.* toutes à l'endroit.

9. *aig.* 1 maille, 1 à l'endroit, surjeter la maille nulle sur la maille à l'endroit, 1 augm., 1 croiser, 1 rétrécir, 1 augm., 2 à l'endroit, 1 croiser, 1 rétrécir, 1 à l'endroit, 1 rétrécir, 2 à l'endroit, 1 augm., 3 à l'endroit, 1 augm.

10. *aig.* toutes à l'endroit.

11. *aig.* 1 maille, 1 à l'endroit, surjeter la maille nulle sur la maille à l'endroit, 1 augm., 1 croiser, 1 rétrécir, 1 augm., 2 à l'endroit, 1 maille, 1 rétrécir, surjeter la maille nulle sur la maille rétrécie, 2 à l'endroit, 1 augm., 5 à l'endroit, 1 augm.

12. *aig.* toutes à l'endroit.

13. *aig.* Commencer par la 1re aiguille, avec la différence qu'il faut prendre une maille de la dernière aiguille sur la première.

EXPLICATION DES DESSINS QUI REPRÉSENTENT LA MANIÈRE DE FAIRE LE FILET (planches 7 et 8).

Fig. 13. Navette.

Fig. 14. Autre navette garnie d'un tour de fil, pour faire voir la manière de l'arrêter et de le placer.

Fig. 15. Moule de différentes grosseurs, et qui varient beaucoup, suivant la grandeur des mailles du filet que l'on veut faire.

Fig. 16. *Formation de la première maille.* Comme on le voit, on tient le moule entre le pouce et le premier doigt de la main gauche, après avoir fait un nœud à l'extrémité du fil B, et l'avoir passé par-dessus la corde ou le bâton, sur lequel on ourdit le filet. On retient le nœud et le fil B sur le moule, en le pressant légèrement avec le pouce.

Fig. 17. On jette le fil B en haut, sur la gauche, en sorte qu'il forme une boucle qui entoure le pouce ; l'on passe ensuite la navette par-dessous les deux fils qui sont retenus par le pouce, observant de la faire sortir par-dedans la boucle formée précédemment.

Fig. 17. Vous tirez le fil B avec la main droite, pour serrer le nœud qui réunit les deux branches ou côtés de la maille.

Fig. 18. *Formation d'une seconde maille.* L'aiguille est passée sous les deux fils B et dans la boucle, comme précédemment.

La fig. 19 représente le nœud entièrement formé, lorsque l'on a tiré le fil B avec la main.

L'on continue ainsi toute une rangée, suivant la grandeur du filet que l'on veut avoir.

Fig. 20. *Formation de la première maille du second rang.* Le filet est retourné de manière que la dernière maille qui a été faite devient la première du côté du corps ; le fil B reprend ainsi la position qu'il occupait en commençant la première maille (fig. 6). On le retient avec le pouce (fig. 20).

Fig. 20. L'on ramène le fil par-dessous le petit doigt, sous le moule, où il est arrêté par le doigt index. L'on rejette le fil B en haut pour former une boucle, et l'on passe la navette par-dessous, entre les deux fils B qui entourent le petit doigt, et on la conduit dans la maille du premier rang (ce qui s'appelle *prendre la maille*). On tire l'extrémité de la navette avec la main droite par-dessus le moule en C, et l'on serre le nœud en tirant le fil B : voilà la première maille du second rang qui est terminée. On la laisse sur le moule, et on continue de mailler ainsi, en prenant toutes les mailles du premier rang et sans tirer le moule dehors des mailles faites, seulement lorsqu'il y en aura trop dessus. Alors, on les ôte toutes, à l'exception d'une seule pour tenir le moule en état.

Quand la deuxième rangée est terminée, on retire le moule hors de toutes les mailles et on pose sous la dernière, après avoir retourné le filet ; puis on fait la première maille du troisième rang comme la première du second rang, et ainsi de suite jusqu'à la fin du filet.

La fig. 21 représente la manière de prendre la maille avec la navette, après avoir enveloppé le moule, et la fig. 22 représente tout à la fois la manière de faire la maille, en passant la navette par-dessous le moule, dans la maille où elle a déjà passé et dans la boucle qui constitue le nœud du filet.

La fig. 24 représente le fil posé sur le moule et qui a été serré pour former le nœud.

La fig. 23 indique une autre manière de lacer ou mailler le filet. Elle consiste à passer la navette dans la maille que l'on a faite, en embrassant en dessous les deux fils de la maille dans laquelle la navette a passé ; la navette sort dans la boucle que l'on a formée précédemment, en rejetant le fil en haut et sur la gauche.

MANIÈRE DE FAIRE LE FILET POUR BOURSE, SAC, ETC. (fig. 26).

On commence la première maille du filet (fig. 16 et 17) en passant le fil dans une boucle formée avec une ficelle nouée par les deux bouts. Cette boucle est attachée avec deux épingles écartées, soit sur les genoux, soit sur une pelote un peu lourde. Le moule (fig. 15), communément en ivoire et tenu horizontalement entre le pouce et l'index de la main gauche, est soutenu par le médius.

Le fil est arrêté sur la boucle au moyen d'un nœud comme on le voit fig. 18. Il passe sur le moule, puis sur le doigt du milieu et le quatrième doigt, derrière lesquels il est ramené pour être arrêté sous le pouce, d'où on le laisse flotter. Ensuite on passe la navette dans la boucle que le fil a formée et dans la boucle de ficelle en C (fig. 20). On retire la navette par le haut, en retenant en même temps le fil B avec le petit doigt, lâchant d'abord la portion de fil qui est sous le pouce, ensuite la boucle que tiennent le médius et le quatrième doigt, serrant le fil à mesure et n'échappant le petit doigt que pour achever de serrer le nœud. On continue de même une autre maille, et ainsi de suite jusqu'à ce qu'on ait le nombre de mailles, nécessaire pour l'étendue du filet dont on a besoin ; puis, retirant son moule, on recommence de la même façon d'autres mailles au-dessous des premières, dans lesquelles on fait entrer la navette à mesure, comme on l'introduisait dans la boucle de gros fil qui a servi à les monter. Si l'on voulait faire quelque chose de rond, comme une mitaine, par exemple, on commencerait par le haut du bras, faisant les premières mailles très longues pour former cette espèce de frange qu'on voit à cet endroit des mitaines à jour, au lieu de retirer son moule pour aller en dessous. Quand on est parvenu à la dernière maille de la première rangée, on va reprendre tout de suite la première de toutes ces mailles, et l'on n'a plus qu'à continuer toujours de même, retirant quelques mailles de dessus le moule, lorsque le nombre, dont il est chargé, rend le travail difficile.

On rétrécit en prenant deux mailles à la fois sur la navette pour les réunir dans la formation de celle d'au-dessous ; on élargit, au contraire, en faisant deux nouvelles mailles dans la même qui est au-dessus d'elles.

Ceci pourra guider dans l'exécution d'une mitaine ou même d'un gant, puisqu'il n'est question pour les former que de rétrécir et d'élargir alternativement, suivant la direction indiquée par les formes à recouvrir.

Le filet, tel que nous venons de le décrire, présente une maille carrée, ayant un nœud à chaque angle ; on diversifie la forme des mailles et leur correspondance entre elles sur les passages de la navette diversement combinés. D'abord, on les fait rondes de deux manières, soit en passant la navette après l'avoir tirée de la maille supérieure, le fil étant placé sur tous les doigts, derrière le quatrième et dans la boucle du fil qui retourne derrière lui pour aller au pouce ; soit, plus simplement, lorsque le nœud est achevé, en passant la navette de dessous en dessus à travers la maille supérieure, à laquelle on vient d'unir la dernière formée.

Ce filet rond, ainsi qu'on le nomme, exécuté régulièrement et fait avec du fil très fin, imite parfaitement le réseau ; c'est celui qu'on préfère, par cette raison, pour le broder en points de reprise (voir planches 19 et 20) ; mais on fait encore, pour de grandes parties, devant servir pour des bourses, d'autres combinaisons de mailles, dont il résulte des mouches et divers dessins. Pour des mouches on fait trois ou quatre mailles dans une seule, comme si l'on élargissait d'autant à la fois, mais à la rangée suivante on prend ensemble toutes ces mailles de surplus avec celle qui est le plus près d'elles, et la réunion de ces fils pressés offre un plein ou mouche que l'on espace à volonté.

Pour un double carreau, on fait, après une maille ordinaire, une maille double en passant deux fois son fil sur le moule ; on alterne la maille simple avec la maille double tout le long d'une rangée ; on les reprend toutes également à la rangée suivante, serrant le fil plus ou moins pour les mettre à la même hauteur ; puis, à la troisième rangée on fait de nouveau une maille simple, et une maille double tour à tour, observant de les ranger sous leur semblable de la rangée antécédente ; on les reprend également dans la rangée d'après, et ainsi de suite : le filet présente un double carreau ; chacun des grands paraissent en renfermer un petit.

On fait du filet imitant le fond d'Angleterre d'une manière qui ressemble à la précédente. On commence par une rangée dont les mailles sont alternativement doubles ou simples (supposez les mailles en nombre pair et que la première de toutes soit simple) ; la seconde rangée se fait comme à l'ordinaire ; mais à la suivante, on commence, au lieu de prendre la maille qui se présente pour y fixer son point, par attirer cette maille dans celle qui est au-dessus d'elle à la rangée précédente, à droite de la navette ; là, on la prend et l'on achève son point comme de coutume.

La maille d'après celle qu'on vient d'attirer ainsi, et dans laquelle on doit faire le point suivant, se trouve elle-même attirée avec l'autre de la précédente rangée, et tournée maintenant du côté gauche de la navette; on ne retire point la maille de cette position, on va l'y prendre, après avoir passé deux fois son fil sur le moule; après quoi, on recommence d'attirer la maille qui suit dans celle qui est au-dessus; puis on fait son point et l'on continue à l'autre maille, où l'on passe son fil deux fois sur le moule, toujours alternativement, jusqu'à la fin de la rangée, à la suite de laquelle on en fait une ordinaire en points simples et égaux.

Il résulte de ce procédé un point semblable à celui d'Angleterre, dont on lui a donné le nom; il est d'un effet très agréable, lorsqu'il est exécuté très fin et avec beaucoup de régularité; il ne prend guère plus de temps que le procédé commun.

Cet exemple suffit pour donner une idée des variétés que l'imagination, secondée d'une main adroite, peut apporter dans la fabrication du filet.

PASSEMENTERIE (planche 5).

Nous donnerons quelques dessins de passementerie, seulement pour indiquer aux dames le genre de ceux qu'on emploie aujourd'hui pour garnitures de robes, de meubles, etc. Nous ne nous arrêterons pas à décrire la manière de les exécuter, parce que ce travail serait trop long et trop difficile à faire comprendre sans mettre les machines et les outils sous les yeux.

ART DE FAIRE LES FLEURS ARTIFICIELLES EN PAPIER ET EN PERLES.

Des outils. — Deux outils seulement sont nécessaires à la confection des fleurs artificielles; le premier n'est autre chose qu'une *petite pince* de 10 à 15 centimètres de long (planche 6). Il sert à prendre chaque pétale et à le contourner convenablement; le second, que l'on nomme *outil-boule*, sert à arrondir ou plutôt à estamper les pétales. Il se compose d'une tige terminée par une boule en fer poli, et à l'extrémité de laquelle est adapté un manche de bois. La boule qui termine l'instrument doit être plus ou moins grosse; ainsi, elle doit avoir environ 2 centimètres et demi de diamètre pour les grosses fleurs, et seulement de 12 à 15 centimètres pour les pétales de boutons de rose. Au reste, cet outil peut être remplacé par un crayon par un dé, etc.

Les matières premières ou fournitures se composent : 1° de papiers de toutes espèces de couleurs et préparés d'avance par des fabricants spéciaux; 2° des fils de fer ou *laitons*, très fins et recuits au feu pour les rendre plus souples et moins cassants; 3° des feuilles, boutons, cœurs, *pistils*, *étamines*, *nervures*, *calices*, et en général de toutes les autres parties qui composent les fleurs. Tous ces articles se vendent tout prêts et à des prix très modiques chez M. Prevost-Wentzel, rue Saint-Denis, n° 200, à Paris; et en province chez tous les marchands merciers bien assortis.

Outre les papiers ordinaires, on emploie encore avec succès, particulièrement pour faire les lis, le camélia et les fleurs de cette famille, etc., le papier dit papyrus ou de Chine.

PRINCIPES GÉNÉRAUX POUR FAIRE UNE FLEUR ARTIFICIELLE.

1° *On découpe le papier* avec des ciseaux en suivant les patrons (planches 5 et 6) pour former les pétales, etc.;

2° *On gaufre chaque pétale* pour lui donner la forme naturelle, soit en le roulant entre les doigts et en le tournant, de manière que l'une des faces soit concave et l'autre convexe, soit à l'aide de la pince et de l'outil-boule.

3° *On assemble les différents pétales* au bout d'un fil de fer, auquel on attache, d'abord, le *cœur* de la fleur. Tous les pétales qui constituent la *corolle* de la fleur étant ainsi rassemblés, on enduit leurs extrémités inférieures, celles qui sont liées avec le fil de fer, d'un peu de gomme arabique dissoute dans l'eau, pour les fixer.

4° *On monte la fleur.* Pour cela l'on commence à couvrir le fil de fer, qui forme la tige, avec du papier vert ou de toute autre couleur convenable pour imiter la *nature*. Ce papier est découpé par petites bandes de 5 millimètres de largeur; on le tourne en spirales sur le fil de fer, auquel on attache de distance en distance les petits fils de fer qui forment ses petites tiges, et sur lesquels on attache les feuilles et les boutons. On les couvre aussi de papier vert.

Tels sont les quatre principes généraux et invariables pour faire les fleurs artificielles, principes qu'il est toujours facile d'appliquer, quand on veut faire usage de ses yeux et de ses mains.

Observation sur le montage de la fleur et principalement sur la manière de recouvrir les tiges avec le papier vert. — Pour bien tourner ou passer, dit le fleuriste, la bande de papier vert autour du fil de fer qui forme la tige, vous tenez celui-ci entre le pouce et l'index de la main gauche, tandis que vous tenez votre bande de papier vert de la main droite; et, pour la faire tenir en commençant, vous avez soin d'en humecter le bout avec un peu de salive.

Lorsque la tige de fer, sur laquelle on monte les petites tiges des fleurs, des feuilles et des boutons, est forte, on doit la cotonner avant de commencer; cette opération se fait en roulant bien également autour de la tige du coton blanc cardé.

L'on passe d'abord le papier vert sur les petites tiges, et on en roule un peu sur l'extrémité que l'on approche de la grosse tige, à l'endroit où l'on veut la placer; puis on roule le papier autour de la grosse et de la petite tige.

Pour donner plus de solidité à la fleur montée, l'on attache les petites tiges sur les grandes avec de la colle. L'on fixe de même les boutons et les feuilles.

Généralement, les feuilles, ainsi que les boutons et les cœurs, sont vendus tout préparés et montés sur une petite tige; mais on peut les assembler soi-même, en collant un petit fil au tiers de leur longueur; puis on attache, en contournant le fil de fer une ou deux fois sur lui-même au bas de la feuille, ou bien on le retourne sans le tordre avec du papier vert, en en laissant passer un bout pour pouvoir le fixer sur la tige.

Du reste, pour guider les commençantes, nous allons expliquer la fabrication des fleurs les plus communes, et il leur sera facile de les exécuter en ayant ces dessins sous les yeux (planche 5) ou les fleurs naturelles elles-mêmes.

Clochette. [illegible] (Planches 5 et 6, figure 1[1]).

1° Découpez la fleur ou la corolle sur le patron (fig. 1) et son calice (fig. 1 A), [illegible] 1 B, [illegible] [illegible] avec [illegible].

2° Gaufrez cette fleur en pinçant le papier entre deux [illegible], [illegible] suivant la [illegible] [illegible] et [illegible] l'extrémité de chaque [illegible].

3° Assemblez cette fleur [illegible] en tournant le papier de manière [illegible] [illegible] [illegible] collez les deux côtés [illegible] l'un sur l'autre avec de la gomme arabique.

5° Montez [illegible] [illegible] [illegible] boutons et de leurs feuilles, A, B, C, D, E, pl. [illegible], et [illegible] [illegible] d'abord [illegible] sur un fil de fer.

L'on fait ainsi [illegible] [illegible] [illegible] [illegible] en collant [illegible] [illegible] (fig. [illegible]) [illegible] on les colle avec de la [illegible] [illegible] [illegible] en papier [illegible] [illegible].

Jasmin jaune. — 1° Découpez [illegible] [illegible] (fig. 2 A) en papier *jaune*.

2° Gaufrez le milieu de chaque pétale [illegible] 2 pouces, avec la pince, de manière à former un creux au dessus, et [illegible] avec la pointe de la pince pour [illegible] le revers.

3° Faites un petit tube en roulant le patron (fig. 2 A) entre les doigts, après y avoir mis quelques brins de coton ou de laine jaune appelés *étamines*, [illegible] [illegible] [illegible], et collez la fleur (fig. 2) sur ce tube.

4° Montez ensuite la fleur dans l'ordre suivant (pl. 5, fig. 2) : une petite tige avec une grande feuille A, un bouton avec deux petites feuilles B, C, quatre fleurs, et terminez par un bouton E avec deux petites feuilles D.

Primevère. — 1° Découpez (fig. 3) le patron de pétale; fig. 3 A, le patron du tube; fig. 3 B, le patron de l'étoile.

2° Gaufrez le milieu des pétales.

3° Formez le tube (fig. 3 A) dans lequel vous mettez quatre ou cinq pistils, et collez l'étoile (fig. 3 B) sur ce tube; puis vous collez les pétales les uns après les autres (fig. 3 C), et vous produisez la fleur (fig. 3 D).

4° Montez la fleur avec deux corolles (fig. 3 D), deux feuilles (fig. 4) et deux boutons (fig. 3 E). (Voir pl. 5, fig. 3).

Bleuet. — 1° Découpez huit pétales sur le patron (fig. 5) et les feuilles vertes sur le patron (fig. 5 A).

2° Rayez le milieu de chaque pétale avec la pince.

3° Roulez chaque pétale en forme de cornet et attachez-les autour du cœur (fig. 5 B) [illegible] [illegible], et terminez par le calice.

4° Montez les fleurs avec deux boutons (fig. 5 [illegible] 5 D) et en roulant les fil [illegible] autour de [illegible]. (Voir pl. 5, fig. 5).

Lis. — 1° Découpez [illegible] [illegible] six pétales sur le même patron (fig. [illegible]).

2° Gaufrez ces pétales [illegible] [illegible] dans leur longueur, [illegible] [illegible] [illegible] [illegible] [illegible] et relevant les extrémités en dehors.

3° Collez dans le milieu du pistil [illegible], pour le soutenir, un fil de fer [illegible] [illegible] de papier blanc, et collez d'abord autour du cœur (fig. [illegible] B) les trois pétales (fig. [illegible]) avec de la [illegible] [illegible] [illegible] [illegible] [illegible] [illegible] avez découpés.

4° Vous montez la fleur sur une petite tige garnie de cinq boutons et de cinq fleurs (pl. 5, fig. 6) qui terminent la fleur. Comme cette fleur n'a [illegible] [illegible], on a soin, pour [illegible] [illegible] [illegible] [illegible] [illegible] [illegible] [illegible] [illegible] pétale [illegible] [illegible] [illegible] [illegible] [illegible] (fig. 6 A).

Œillet. — 1° [illegible] [illegible] [illegible] [illegible] [illegible] pétales à volonté, [illegible] [illegible] [illegible] [illegible] [illegible] [illegible] feuille (2).

2° Gaufrez les pétales [illegible] [illegible] [illegible] [illegible].

(1) On désigne par ce mot [illegible] [illegible] [illegible] [illegible] [illegible] [illegible] [illegible] [illegible] [illegible] [illegible] [illegible] [illegible] [illegible] [illegible] [illegible] [illegible] [illegible] [illegible] [illegible].

(2) [illegible].

filet, soit par le procédé qui est indiqué dans l'album de 1845; mais la tête de la frange, ainsi faite, forme un relief sur le pourtour du châle, qui perd alors beaucoup de sa valeur. Pour éviter cet inconvénient, il faut faire nécessairement les franges de châle avec les fils mêmes qui le constituent.

Nous donnons le dessin des franges, faites avec de la soie, dont on réunit les brins tout simplement par un nœud, comme les dessins l'indiquent.

Ouvrages en perles. (Pl. 8, fig. 5 et suiv.) — Nous pourrions presque, à la rigueur, nous dispenser de parler de ces sortes d'ouvrages que toutes les dames connaissent aussi bien que nous; mais, sans crainte de fatiguer et d'ennuyer personne, nous donnons les dessins, sans aucune explication, de plusieurs objets, tels que bourses, colliers, bracelets, glands, franges, et qu'on peut exécuter en perles d'or, d'argent, d'acier, de verre ou de jayet.

Si vous exécutez les bourses par le tricotage, vous aurez soin de faire, en haut de chaque côté, une petite fente pour placer le fermoir, comme le dessin l'indique.

Les petites fleurs du bracelet seront exécutées, soit avec le petit point de tapisserie sur un canevas de la même finesse que le papier quadrillé, soit par le tricotage avec des perles dorées, en argent, en acier ou en jayet, etc.

OUVRAGES EN CHEVEUX. — BAGUES, BOURSES, BRACELETS.

On emploie les cheveux à faire des cordons de montre, des bracelets, des colliers, des ceintures; on les tresse par les mêmes procédés dont les passementiers font usage pour faire des nattes, des cordons de toutes les formes, soit à la main, soit au crochet.

Les bagues se font avec un petit cordon ou une tresse plate, dont les extrémités, attachées au moyen d'une dissolution de colle de poisson, sont réunies sous une garniture nommée chaton.

Les bracelets sont composés de tresses qui forment les dessins que l'on veut; elles sont réunies au moyen d'une agrafe, qui sert à les attacher sur le bras.

OUVRAGES EN CHENILLE.

Nous n'entreprendrons pas de détailler tous les ouvrages qui se font ou peuvent être faits en chenille. Ce détail nous mènerait trop loin; en outre, il n'apprendrait rien de bien nouveau ni de bien intéressant par rapport au travail matériel. Il suffit de citer les objets les plus faciles, les plus gracieux et les plus répandus dans le monde. Au premier rang parmi les objets à exécuter avec de la chenille ou de la soie, nous classerons la tapisserie de point en laine, les châles brochés et tissés à l'instar des Gobelins, les couvertures de lit et de dessus de table, les corbeilles, les porte-montres composés d'une carcasse, faite avec des fils de laiton auxquels on donne les formes que l'on veut, et que l'on recouvre ensuite avec des chenilles de diverses couleurs.

Nous terminons ici notre travail, qui doit paraître fort long, et encore craignons-nous de n'avoir pas tout dit.

Quoi qu'il en soit, nous avons l'espoir fondé que notre livre aura été utile, ou au moins agréable à quelques personnes; sous ce rapport, du moins, nous nous estimons heureux de l'avoir entrepris.

BIBLIOTHÈQUE

www.ingramcontent.com/pod-product-compliance
Lightning Source LLC
Chambersburg PA
CBHW061717060726
47597CB00006B/2422
9782013383677